うみぽす 海のPRコンテスト 2020

160選

は　　じ　　め　　に

「うみぽす」はコロナに負けません！

全世界が新型コロナウイルス感染症に煩わされています。わが国でもすでに多くの方がお亡くなりになりました。ご逝去された皆様に心からご冥福をお祈りいたします。また、今現在も感染者が増加しておりますが、感染された方々におかれましては一日も早いご快復をお祈りすると同時に、医療関係者、介護関係者をはじめ、コロナウイルス対策に携わっているすべての方々に心から感謝の意を捧げます。

海と日本プロジェクトの一環として開催された、海のPRコンテスト「うみぽす2020」の応募総数は、おかげさまで今回も4,401作品（前年3,914作品）。コロナ禍ゆえに作品制作を支援するワークショップの開催なども自粛あるいは縮小、オンライン開催などコロナ対策を講じたために、作品数は減少するのではないかと危惧されましたが、結果は昨年よりも1割増、過去最高の応募数になりました。今回はコロナ禍を反映してZoomを利用して行うリモート会議時の背景部門やインスタ部門が新設されましたが、コロナ禍ゆえに、かえってステイホームの時間を有益に過ごすことが応募の動機につながったのではないかと推察されます。結果、今回で「うみぽす」は6年目となりますが、延べ応募総数は17,779点という大きな数にふくらみました。

ご応募いただきましたすべての皆様、誠にありがとうございました。また、開催にあたりご後援をいただいた国土交通省、文部科学省、環境省、観光庁の皆様、そしてご共催の日本財団様、ご協賛をいただいたビックカメラ様、日本郵便様ほか数多くの関係者の皆様のご後援、ご援助に心より感謝いたします。

応募作品の中から厳正なる審査を経て、まず全作品の中から160点が入賞作品として選出されます。そして最終審査で各部門のグランプリ・準グランプリをはじめ、審査員特別賞、日本郵便賞、ビックカメラ賞、海と日本プロジェクト賞の各賞がそれぞれ決定します。

海離れが叫ばれる昨今、このコンテストを機会に、お気に入りの海をテーマにポスターやポストカードなどを創作することで日本の海の魅力を再発見してもらい、その素晴らしさを表現、アピールしていただくことが狙いです。完成した作品を見る方々にとっては、そこに描かれた日本の海にある美しい風景、人々、食などの多様性に富んだ文化を再認識してもらい、次世代の子供たちにその魅力を伝えていけるようなコンテストを目指して開催されています。

本書には全国から寄せられた全応募作品の中から第一次審査で選出された入賞作、グランプリ、準グランプリをはじめとする各賞を受賞した作品、合わせて160点が掲載されています。個性あふれる魅力的な作品の数々をご鑑賞ください。

「うみぽす2020」実行委員会 委員長
田久保 雅己

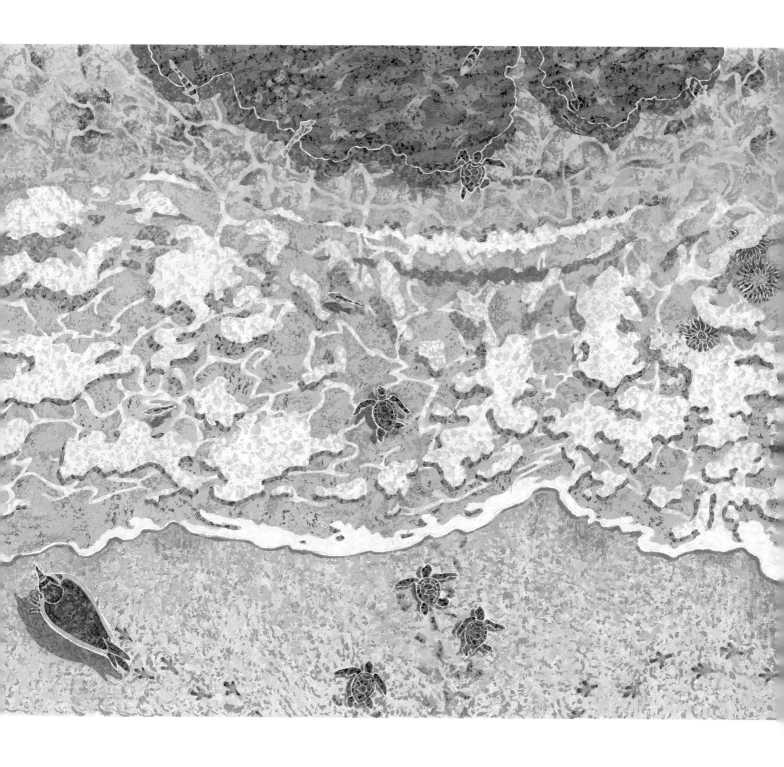

CONTENTS

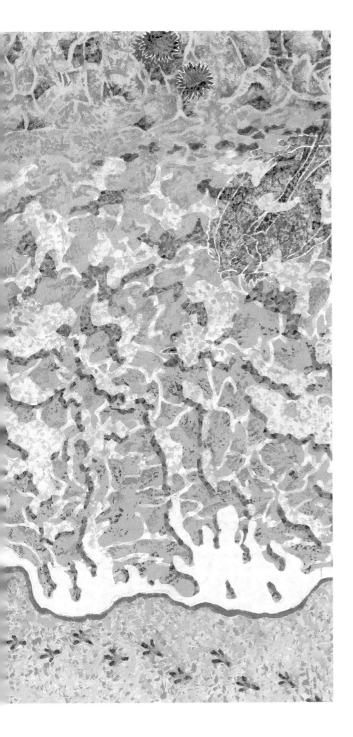

「うみぽす」海のPRコンテスト2020で使用された募集用の案内チラシ

ワークショップ開催地募集中

あなたの町で「ポスターの作り方」ワークショップを開催しませんか？
ご希望の方はうみぽす事務局へご連絡ください。（Tel. 03-5549-2151）

「うみぽす」公式ホームページ
https://umipos.com/

名称	海と日本PROJECT「うみぽす」海のPRコンテスト2020
テーマ	「この海に来て」「海を守りたい」「おいしい海」のうちから1つ
題材・対象	日本全国の海や海の周辺地域に関わるもの全て(景色・人・食など)
応募資格	こども / 大人、個人 / 法人・団体、プロ / アマを問わず
応募方法	うみぽす公式ホームページ(umipos.com)から応募。詳しくはホームページにて。
募集締切	2020年9月23日(水)23時59分59秒　郵送の場合当日消印有効

特別賞	【ポスター部門:一般の部】	グランプリ:賞金30万円　準グランプリ:賞金5万円
	【ポスター部門:こどもの部】	グランプリ:図書カード3万円　準グランプリ:図書カード1万円
	【ポスター部門:インスタの部】	グランプリ:賞金30万円　準グランプリ:賞金5万円
	【ポスター部門:Zoom背景の部】	グランプリ:賞金30万円　準グランプリ:賞金5万円
	【ポストカード部門:一般の部】	グランプリ:賞金30万円　準グランプリ:賞金5万円
	【ポストカード部門:こどもの部】	グランプリ:図書カード3万円　準グランプリ:図書カード1万円
	【サスティナブル奨励賞】	SDGs14海の豊かさを守ろう賞(全部門の全作品から選出):賞金5万円
		うみめし賞(全部門の全作品から選出):賞金5万円
		海と日本PROJECT賞(全部門の全作品から選出):賞金5万円
	【審査員特別賞】	日本郵便賞(ポストカード部門から選出):副賞
		ビックカメラ賞(全部門の全作品から選出):副賞
		石原 良純 賞(全部門から選出)
		別所 哲也 賞(全部門から選出)
		森本 千絵 賞(全部門から選出)
		中村 征夫 賞(全部門から選出)
		矢ケ崎 紀子 賞(全部門から選出)
		田久保 雅己 賞(全部門から選出)
		日比野 克彦 賞(全部門から選出)

入賞特典	入賞者には、後日、全入賞作を掲載した「作品集」を贈呈します。
入賞規定	入賞者は後日、原本もしくは実データを郵送いただきます。 ※お送りいただけなかった場合やサイズ等応募規定に反している作品は入賞取消となりますのでご注意ください。 ※原本をお送りいただいた場合、応募作品は返却しませんのであらかじめご了承ください。
主催	一般社団法人 海洋連盟
共催	株式会社舵社、日本財団
協賛	日本郵便株式会社、株式会社ビックカメラ
後援	国土交通省、文部科学省、環境省、観光庁

審査員の紹介とコメント

玉木 明
Tamaki Akira

切手デザイナー
日本郵便株式会社

今年のうみぽすの審査については、新型コロナウイルスのことを抜きには語れません。審査会もどうなることかと心配していましたが、やはり審査員が一堂に会してのものではなく、メールでのやりとりで行われました。社会においても3密の回避が叫ばれ、外出や旅行の抑制が喚起され、海に出かける人たちにも注意促すというニュースも流れました。そんな中、うみぽすの応募作品にも影響がなかろうかと心配していましたが、送られてきた作品は例年どおり元気いっぱいのものばかりで、胸をなでおろしました。海というものに対しては、我々人間を育んでくれる大切なものと漠然と思っていましたが、こういう困難な時にも変わらず寄り添ってくれている存在なんだと、改めて認識しました。今はまだ、海に出かけるにしても色んなことを考えなければなりませんが、「早くな～んにも考えずに海に出かけられる日が来ればいいな」と、そんな風に考えています。

1968年三重県生まれ。1991年愛知県立芸術大学美術学部デザイン科卒業、同年郵政省に技芸官として入省。以降、切手デザイナーとして多くのデザインに携わる。代表作：切手趣味週間（2004年、2011年～）、国際文通週間（1999～2009年、2013年～）、野菜とくだものシリーズ（2013～2016年）、正倉院の宝物シリーズ（2014～2016年）、関西国際空港開港記念（1994年）、婦人参政権行使50周年記念（1996年）、議会開設110周年記念（2000年）、同120周年記念（2010年）、東日本大震災寄附金付（2011年）、伊勢志摩サミット（2016年）、東京オリンピック・パラリンピック競技大会寄附金付（2019年）、G20大阪サミット（2019年）

ビックカメラ
BicCamera

海のPRコンテスト「うみぽす」に昨年に続きビックカメラ賞を設け参加させていただきました。審査会では写真を撮る楽しさを再認識すると共に、小さなお子様からご年配の皆様、またスマホで手軽に、あるいは高いカメラを駆使して製作者が想い想いに加工を加えてこんなに素晴らしい作品に仕上がっていることに驚き、また感動を覚えた次第です。特に本年は世の中で非常に厳しい課題に直面しています。ただ、そんな中でも

・変わらぬ「海」の素晴らしさが、
・海を通して生き物が、
・人々との関わりの魅力が、

一つひとつの作品に生き生きと表現されており、拝見している私たちもとても勇気と元気をいただきました。来年、更に魅力的な数多くの作品に出会えますことをとても楽しみにしております。

石原 良純
Ishihara Yoshizumi

俳優／気象予報士

2020年は、僕にとっても"うみぽす"にとっても、全ての人にとって特別な1年となりました。そんな1年にも拘らず、今年も数多くの作品が集まったことは、審査に携わる者として、またうみぽすの参加者と同様に海を愛する者として嬉しい限りです。コロナの時代の審査風景は、大きく様変わりしました。審査員が集まることもできず、自宅に郵送されてきた作品を自室の床に並べて孤独に優秀作品を選びました。写真、イラスト、ビデオ映像、形は違えど一つひとつの作品から、作者の愛する海への思いが伝わってきました。2020年の夏は、楽しみにしていた海で泳ぐことも潜ることも、近づくことさえ出来なかった人が大多数だったに違いありません。でも、来年だって海はある。海を僕達の力で守っていけば、ほんの先の未来にまた海を満喫できる。そんな作者の心意気を、床一面の作品を眺めながら感じました。来年は、皆で一緒に審査して、入賞された方と楽しく表彰式に参加できるのを楽しみにしています。

1962年神奈川県逗子生まれ。慶應義塾大学経済学部卒業。1984年松竹富士映画「凶弾」でデビュー。その後、舞台、映画、テレビドラマなどに出演。テレビ朝日「週刊ニュースリーダー」司会、テレビ朝日「モーニングショー」コメンテーターなど多数。ドラマは、NHK大河ドラマ「花燃ゆ」など多数。湘南の空と海を見て育ったことから気象に興味を持ち、気象予報士試験へ挑戦。1997年、見事合格、日本の四季、気象だけではなく、地球の自然環境問題にも力を入れている。2001年に出版された「石原家の人びと」（新潮社）はベストセラーとなり、作家としても注目を集める。また、官公庁・地方自治体の環境講演会、シンポジウム多数。

別所 哲也
Bessho Tetsuya

俳優／「ショートショート フィルムフェスティバル ＆ アジア」代表

今回もほんとうにたくさんの素晴らしい作品が集まったな、と思いました。年を重ねるごとに、クオリティーという点でもますます高いレベルになっています。コロナ禍にもかかわらず、応募作品の数も増えており、全国の皆さんがこの「うみぽす」にかける熱い思いをひしひしと感じます。また、各作品で表現されている様々なアイデアを拝見させていただくにつけ、俳優という表現者の立場としても、ハッとさせられるような作品がたくさんありました。

90年、日米合作映画『クライシス2050』でハリウッドデビュー。米国映画俳優組合（SAG）メンバーとなる。その後、映画・TV・舞台・ラジオなどで幅広く活躍中。99年より、日本発の国際短編映画祭「ショートショート フィルムフェスティバル」を主宰。文化庁文化発信部門長官表彰受賞。観光庁「VISIT JAPAN大使」、外務省「ジャパン・ハウス」有識者諮問会議メンバーに就任。内閣府「世界で活躍し『日本』を発信する日本人」の一人に選出。第1回岩谷時子賞奨励賞受賞。第63回横浜文化賞受賞。第45回ベストドレッサー賞インターナショナル部門受賞。第34回ベストジーニスト賞協議会選出部門受賞。

森本 千絵
Morimoto Chie

アートディレクター

本年はリモートでの審査となり、旅行することにも前向きになれない気持ちの中、審査させていただくことでますます海への憧れや感謝の意が強くなりました。実際に五感で海を感じられる作品が魅力的でした。特に美しさ、荒々しさなど人間を越えた力を感じるままに表現されたもの、または海から得られる幸により身体の中を満たすものに共感致しました。またいつの日か心置きなく海へ出かけられることを願っております。

株式会社goen°主宰。コミュニケーションディレクター・アートディレクター。武蔵野美術大学客員教授。'99年武蔵野美術大学卒業、博報堂入社。'06年史上最年少でADC会員となる。'07年goen°設立。NHK大河ドラマ「江」、朝の連続テレビ小説「てっぱん」のタイトルワーク、「半分、青い。」のポスターデザインをはじめ、Canon、KIRINなどの企業広告、松任谷由実、Mr.Childrenのアートワーク、映画・舞台の美術、動物園や保育園の空間ディレクションなど活動は多岐に渡る。

中村 征夫
Nakamura Ikuo

写真家

今年の審査会は残念ながらオリジナル作品を拝見できず、果たしてクオリティーは保たれるのか心配だった。だがそのような不安はすぐに払拭された。とくに今年は力強い作品が多く、圧倒されるばかりだった。ポスター部門一般の部グランプリは、小笠原の銀河系と、海中を回遊するミナミハンドウイルカを上下に配置した大胆な構図である。小笠原だからこそ見られる夜空、澄み切った海中に光芒が差し込み、そこをイルカの群れが静かに通り過ぎて行く。文句なく行きたくなる衝動に駆られる素晴らしい作品である。準グランプリの作品も迫力があり、訴求力に満ちている。東京湾と富士山を望めるのなら言葉はいらないと、納得した作品だった。ポストカード部門こどもの部グランプリの「ありあけかいののり たべてね。」には、こどものアイデアとストレートな言葉の表現に完全にやられてしまった。かわいらしさも相まって、直ぐにでも有明海のノリを食べたくなった。

1945年秋田県潟上市生まれ。19歳のとき、独学で水中写真を始める。1977年東京湾にはじめて潜り、ヘドロの海でたくましく生きる生きものに感動、以降ライフワークとして取り組む。数々の報道の現場を経験し、新聞でスクープをとるなど「海の報道写真家」として活躍。出版物、テレビ、ラジオ、講演会とさまざまなメディアを通して海の魅力や海をめぐる人々の営みを伝えている。

矢ケ崎 紀子
Yagasaki Noriko

東京女子大学
現代教養学部国際社会学科 教授

「うみぽす2020」はコロナ禍の影響下での開催となりましたが、多くの応募を頂き、そして、提出された作品はコロナ禍を吹き飛ばすかのような楽しさ、明るさ、元気さに溢れており、例年以上に感動しました。ともすれば閉塞感が漂うような状況下であるからこそ、海の魅力を伝えよう、自分の地域の良さを表現しよう、という前向きな気持ちで取り組むことができる活動は大事なのかもしれません。今年は、多くの作品が魅力を競うポスター部門の中に、インスタの部、Zoom背景の部が加わりました。それぞれの表現方法の可能性を十分に引き出し、見応えのある作品が多かったと思います。感染症拡大の中で、三密を避けて、気分転換に海に行く人が増えるといいなあと思います。その際には、「うみぽす2020」の入賞作品を参考にしながら、自分なりの海の魅力の表現を考えて頂き、これまで以上に海を身近に感じてくださると嬉しいです。

九州大学大学院法学府修士課程修了。専門分野：観光政策論、観光産業論。（株）住友銀行（1987年4月〜1989年10月）、（株）日本総合研究所（1989年10月〜2014年2月）、国土交通省観光庁参事官（観光経済担当）（官民交流, 2008年10月〜2011年3月）、東洋大学国際観光学部教授（2014年4月〜2019年3月）を経て現職。日本貨物鉄道株式会社 社外取締役（2014年6月〜）、国土交通省交通政策審議会委員、社会資本整備審議会臨時委員、国土審議会特別委員。

田久保 雅己
Takubo Masami

「うみぽす2020」実行委員長／株式会社 舵社 編集長

「うみぽす」は今回で6回目を迎えましたが、今年は今までにない展開となりました。新型コロナウイルス感染症という見えない壁が、募集開始と同時に立ち上がったのです。この壁は、全世界のあらゆる分野に対して同等に立ちはだかりました。これまでは応募を支援する対面式のワークショップを全国規模で展開し、応募数確保に一部貢献してきましたが、それができなくなりそうになったのです。しかしながら、事務局の努力と受け手の協力によってコロナ感染防止対策を万全に講じたワークショップを計画。その結果リアル開催が23回、オンライン開催が15回、自主開催が11回。合計で49回、参加者数は664人、そこから応募につながった作品数は951点という結果をはじき出しました。そして最終応募総数は4,401作品という過去最高の数となりました。ステイホームという条件の中で、応募しやすい環境が生じたことも影響したようですが、コロナという嵐の海で、安全対策を必死に講じながら航海した船があったおかげとも言えます。関係者の皆様、ありがとうございました！

1953年千葉県習志野市生まれ。学生時代からクルーザーヨット部主将としてレースやクルージングで活躍。卒業後はヨット・ボート専門出版社（株）舵社に就職。以来、今年創刊89年を迎える雑誌「kazi」の編集長、常務取締役などを歴任。2005年に海のライフスタイルマガジン「Sea Dream」を創刊。編集長として取材活動をするかたわら、国土交通省海事局が協力推進するUMI（海へみんなで行こう）協議会の会長やマリンジャーナリスト会議会長などを務めながら、海洋レジャー普及振興のために尽力。取材で訪問した国は35カ国を超え、内外のマリン事情に精通。著書に「海からのメッセージ」、「ヨット・ボートに乗るキッカケ教えます」（舵社刊）などがある。

「うみぽす」海のPRコンテスト 2020 表彰式

コロナ禍ということもあって表彰式への参加者は、各部門のグランプリと特別賞の受賞者に限られました。もちろん出席は任意。当日は写真の後ろから2列目、表彰状を手に持つ5人の受賞者、左から新垣希美佳さん（ポスター部門 Zoom 背景の部グランプリ）、今井寛治さん（ポスター部門一般の部グランプリ）、廣川涼優さん（ポストカード部門こどもの部グランプリ）、小山田賢昊さん（日本郵便賞）、本庄綾子さん（ポストカード部門一般の部グランプリ）が参加。最前列にはそれぞれのご家族などがお祝いに駆けつけました

コロナ禍で開催された「うみぽす2020」表彰式
応募数は4,401点。過去最高!

日本財団ビルの2階で開催された「うみぽす2020」表彰式の模様は、YouTubeで全国に生配信されました。壇上でご挨拶する審査員、右から石原さん、佐野さん、堀越さん、田久保実行委員長

　海のPRコンテスト「うみぽす2020」の表彰式は、新型コロナウイルス感染症予防策を万全に講じて、2020年11月22日（日）に東京都港区の日本財団ビルで開催されました。

　「うみぽす」は、「海と日本PROJECT」の一環となるイベントで、海洋連盟主催、日本財団と舵社が共催、日本郵便、ビックカメラの協賛、国土交通省、文部科学省、環境省、官公庁の後援を得て開催されています。

　海離れが叫ばれる現代において、より多くの人たちが全国各地の地元の海に出かけ地域の人々とふれあい、海の幸を味わい、各地の風景と共にポスターなどで地元の海をPRすることによって全国の人たちが海と関わり、海を学び、海と遊び、海とふれあうことを目的に、2015年から開催されています。

「うみぽす2020」表彰式

表彰式の冒頭、主催の海洋連盟代表代行として清水勝彦（神津島観光協会理事）が御礼の挨拶とともに、神津島でも海洋汚染が進んでいることを発言し、海の大切さを訴えました

6年目を迎えた今年の応募作品数は4,401点。コロナ禍を考慮して審査員が一堂に会する審査会は開催せずに、総数の中から厳正に選ばれた入賞作品160点を各審査員に配布して、投票形式で行われました。その審査結果の発表はYouTubeにて全国配信という新しい試みが採用され、多くの方々が視聴しました。

表彰式も、昨年までは入賞者全員を対象として大々的に開催されてきましたが、コロナ禍を配慮して各部門のグランプリと協賛社賞の受賞者に限ってお集まりいただき開催。その模様をYouTubeで全国配信するという方法がとられました。

日本財団ビルの会場には審査員の石原良純さん（俳優・気象予報士）、佐野公紀さん（日本郵便常務執行役員）、堀越雄さん（ビックカメラ執行役員）、田久保雅己（うみぽす2020実行委員長）らが列席。コロナ禍ゆえに出席を控えた受賞者も多く、お集まりいただいたのは5名とそのご家族関係者あわせて15名。

主催者代表として海洋連盟代表代行の清水勝彦（神津島観光協会理事）からの挨拶に始まり、各部門のグランプリと日本郵便賞の受賞者が登壇。プレゼンターの石原良純さんなどから表彰状と賞金目録を受け取り、それぞれさまざまなコメントを述べました。

例年なら、終了後に懇親会も開催されるのですが、コロナ禍のため終了。受賞者の皆様は喜びを胸に秘め全国各地に向け解散され、お開きとなりました。

プレゼンターの石原良純審査員から表彰を受ける本庄綾子さん

海のPRコンテスト「うみぽす2020」
特別賞受賞者一覧
（敬称略）

ポスター部門

一般の部 グランプリ	今井 寛治さん	場所：東京都（小笠原村）
一般の部 準グランプリ	角 洋介さん	場所：千葉県（富津市 富津岬）
こどもの部 グランプリ	松元 希帆さん	場所：和歌山県（和歌山の海）
こどもの部 準グランプリ	豊田 晄平さん	場所：徳島県（小松島）
インスタの部 グランプリ	YMCA阿南国際海洋センター	場所：徳島県（阿南市）
インスタの部 準グランプリ	福留 ゆいさん	場所：和歌山県（西牟婁郡 南紀白浜）
Zoom背景の部 グランプリ	新垣 希美佳さん	場所：沖縄県（島尻郡 久米島）
Zoom背景の部 準グランプリ	石野 由佳さん	場所：沖縄県（美ら海）

ポストカード部門

一般の部 グランプリ	本庄 綾子さん	場所：沖縄県（波照間島 ニシ浜）
一般の部 準グランプリ	腹黒兎さん	場所：広島県（瀬戸内海）
こどもの部 グランプリ	廣川 涼優さん	場所：佐賀県（有明海）
こどもの部 準グランプリ	宮本 紘太朗さん	場所：青森県（青森市 浅虫海水浴場）

サスティナブル奨励賞

SDGs14海の豊かさを守ろう賞	瀬川 要さん	場所：愛知県（知多郡 日間賀島）
うみめし賞	柘植 雅一さん	場所：愛知県（知多郡 師崎）

審査員特別賞

日本郵便賞	小山田 賢昊さん	場所：兵庫県（神戸市）
ビックカメラ賞	佐藤 絵里さん	場所：福島県（南相馬市 村上海岸）

海と日本PROJECT賞

石原 良純 賞	ブルーライジャケ!	場所：香川県（高松市 鎌野海水浴場）
別所 哲也 賞	中原 正昭さん・中原 未遥さん	場所：三重県（伊勢志摩）
森本 千絵 賞	たいちペンギンさん	場所：北海道（オホーツク海）
中村 征夫 賞	NPO法人くにたち農園の会	場所：東京（東京湾＋谷保）
矢ケ崎 紀子 賞	阿形 咲耶さん	場所：静岡県（賀茂郡南伊豆町 弓ヶ浜）
田久保 雅己 賞	美沙紀さん	場所：沖縄県（浦添市 西洲）
日比野 克彦 賞	熊田 忠義さん	場所：佐賀県（唐津）

うみぽす2020
特別賞
受賞作品

うみぽす2020特別賞受賞者一覧（敬称略）

ポスター部門

一般の部	グランプリ／	今井 寛治
一般の部	準グランプリ／	角 洋介
こどもの部	グランプリ／	松元 希帆
こどもの部	準グランプリ／	豊田 晄平
インスタの部	グランプリ／	YMCA阿南国際海洋センター
インスタの部	準グランプリ／	福留 ゆい
Zoom背景の部	グランプリ／	新垣 希美佳
Zoom背景の部	準グランプリ／	石野 由佳

ポストカード部門

一般の部	グランプリ／	本庄 綾子
一般の部	準グランプリ／	腹黒兎
こどもの部	グランプリ／	廣川 涼優
こどもの部	準グランプリ／	宮本 紘太朗

サスティナブル奨励賞

SDGs14海の豊かさを守ろう賞／瀬川 要

うみめし賞／柘植 雅一

審査員特別賞

日本郵便賞／小山田 賢昊

ビックカメラ賞／佐藤 絵里

石原 良純 賞・海と日本PROJECT賞／ブルーライジャケ！

別所 哲也 賞／中原 正昭・中原 未遥

森本 千絵 賞／たいちペンギン

中村 征夫 賞／NPO法人くにたち農園の会

矢ケ崎 紀子 賞／阿形 咲耶

田久保 雅己 賞／美沙紀

日比野 克彦 賞／熊田 忠義

小笠原の宇宙（そら）

船で行く絶海の孤島
小笠原諸島

小笠原の滄海（うみ）

東京都（小笠原村）

ポスター部門 一般の部 グランプリ

今井 寛治
Imai Kanji

（今井事務所）

私の海 ☆ 東京都

［制作者のコメント］ 10年前から、海の写真を撮ることをライフワークにしています。年間で100日ほど全国各地の海に出かけており、小笠原にも年2回訪れます。小笠原は日本有数の美しい海で、クジラやイルカ、深海性の幼魚にも出会える生命に溢れたところです。そして、満点の星が輝く夜空も見事で、天気がよければ天の川もはっきり見えるほどです。今年は、さまざまな条件が重なり、海も夜空もいつもとは違う写真に。海の写真はイルカの群れに光線が絶妙に絡んでとても印象的なものになりました。また、天気が変わりやすい小笠原で、ここまで美しい夜空が撮れるのはラッキー。とてもよい絵が撮れたのです。これらを何かに生かせないものかとネットで検索したところ、うみぽすを発見。コンテストのコンセプトにも合うなと。せっかくなら両方の魅力を知ってほしいと2枚を組み合わせたポスターを作りました。グランプリは本当に驚きましたが、評価していただき嬉しく思います。

［審査員のコメント］ ポスター面の上部に満天の星、下部に美しい海底という分かりやすい構図。それぞれに「小笠原の」をつけて「そら」と「うみ」。小笠原を象徴する小笠原丸を空と海の橋渡し役として添えて「船で行く絶海の孤島」とシンプルに説明。写真もそれぞれ美しく、完成された作品です。グランプリ決定後に、作者の今井さんはプロのグラフィックデザイナーと聞いて納得しましたが、写真もすべて今井さんが撮ったと聞いて、感服しました。(田久保雅己)

決して揺るがないものを臨む場所。

富津岬

千葉県（富津市　富津岬）

ポスター部門 一般の部 準グランプリ

角 洋介
Sumi Yosuke

（STUDIO MOVES）

私の海 ☆ 千葉県

[制作者のコメント]　準グランプリという賞をいただけて本当に嬉しく思います。昔から海が好きで、日本津々浦々、海に行くたびに写真を撮ってきました。だからこそこのコンテストを知った時に、応募しないという選択肢はありませんでした。この写真を撮ったのは2020年の年明けごろで、新年の抱負を表現するための個人的な映像を撮影する場所を探している最中のことでした。この富津岬に辿り着いた時、えも言われぬ力強さに一瞬で惹かれました。写真を撮った日は立っていられないくらいの強風でしたが、海の向こうには揺るぎない富士山が聳えていました。その間の海には白波が立ち、自然の雄大さ、日本ならではの情景に感動したのをありありと覚えています。富津岬は東京からもアクセスしやすく、特徴的な形の展望台があります。そこからは東京湾を一望できますし、澄んでいれば富士山もよく見えます。ぜひ訪れて欲しい場所です。

[審査員のコメント]　誰もがこの写真を見て、いったい何処から撮影したんだろう？ と一瞬、考えさせられます。そして手前に大きく「富津岬」とあります。富士山を臨むことのできるこんな絶景を見る場所が、まさか千葉の房総半島にあるとは！ という意外性で、富津岬の知名度がぐんとあがりました。おそらく真冬の空気が澄んだときに出現すると思われますが、「決して揺るがないもの」とした言葉が荒れた海の情景とともに凄みを増している作品です。（田久保雅己）

和歌山県
海と日本PROJECT和歌山エリア賞

ポスター部門 こどもの部 グランプリ

松元 希帆
Matsumoto Kiho

（和歌山市立藤戸台小学校）

私の海 ☆ 和歌山県

[制作者のコメント]　和歌山の海の魅力を、うみがめと一緒に仲良く泳いでいる様子で表しました。うみがめのゴツゴツ感をカボチャの種で表現し、色付けした液体を木工用ボンドで乾かして貼り絵にしたところも、とても時間がかかり大変でした。

[審査員のコメント]　ウミガメをど〜んと中央やや左に置いた、子供らしい大胆な構図と立体感あふれる画力に、瞬時に引き込まれていきます。よく見ると和歌山の海辺に生息する海洋生物たちも描かれており、そこへ「どえらい海においなよ」と地元の言葉でやさしく誘う。海で仲良く遊ぶ子供たちの表情が可愛いのはもちろんですが、画面全体をあたたかくしているのは、ウミガメのやさしい表情かもしれませんね。（田久保雅己）

徳島県（小松島）
海と日本PROJECT 徳島エリア賞

ポスター部門 こどもの部 準グランプリ

豊田 晄平
Toyota Kohei

（小松島市立南小松島小学校）

私の海 ☆ 徳島県

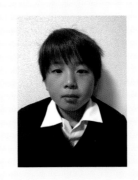

[制作者のコメント]　[とくしまのはも☆ひろめ隊] 小松島漁港で水揚げされたハモを見学後、美味しいハモ料理を食べました。中でもハモの
お味噌汁は、身がほどけてやわらかいので一番好きです。地元の小松島ではハモ漁としらす漁が盛んです。海に関わ
る仕事や活動を頑張る人がたくさんいます。きれいな海を守り未来に残したいとイベントに参加し感じました。新鮮で
脂が乗ったハモの色艶、飛び出すほどの活きの良さを表現しました。目を描くのがとても難しかったです。

[審査員のコメント]　鱧の特徴をよく観察して、表情、姿がとても上手に描かれています。腹と背の境目の色使いも絶妙です。そしてベース
になる小松島の海を描いた水色の世界にちりばめられた海藻の数々。中央の大きな鱧に寄り添う小さな2匹の鱧は子
供なのでしょうか。色のメリハリ、直線と曲線を効果的に配置して、小松島と鱧という文字を浮き立たせています。ポス
ターを見ただけで小松島の鱧は名産なのだなとすぐに理解できる作品です。（田久保雅己）

人が支える島

阿南

徳島県（阿南市）

ポスター部門 インスタの部 グランプリ
YMCA阿南国際海洋センター
YMCA Anan International Ocean Center

（公益財団法人大阪YMCA）

私の海 ☆ 徳島県

[制作者のコメント]　グランプリを受賞したことで、多くの方々に阿南の海の魅力を伝えることができ、とても嬉しいです。この作品の場所は、徳島県阿南市の東の端っこにある「野々島」という無人島です。この島は、約20年前に青少年の明るい未来を願う方々の支援によってYMCAに寄附されました。作品のタイトルは、この島の歴史的な背景にある「支え」と、今も続く多くの利用者による「支え」を表現しています。キャンプ場のシンボルである「野々島」。この島を目指す冒険心、そして自分たちの力で大海原を渡りきる達成感は、日常生活では味わうことができません。また、カヤック・SUP・ヨット・磯観察などのマリンアクティビティや海岸漂着ゴミを用いた環境教育ワークショップなど、海を楽しみ、海で学び、海の自然を感じる多彩なプログラムを展開しています。阿南の海は、幼稚園児からシニア世代までの幅広い年齢層の方々が、考え、工夫し、決断し、勇気を出して行動することでシーマンシップを育むフィールドです。みなさん、ぜひYMCA阿南国際海洋センターへお越しください！

[審査員のコメント]　まさにアイデアの面白さですね。インスタはスマートフォンの小さな画面で見ることが多いため、シンプルな構図であればあるほど制作者の意図が分かりやすいものです。YMCAの海洋スポーツスタッフたちが、日頃活動している自慢の海で、地元（阿南）の島を持ち上げています。わざと左から二人目の人が手袋を着用しないで、ハズしていることでコミカルで仲の良いスタッフたちの人柄が伝わり、見る側の心をほっこりとさせてくれます。（田久保雅己）

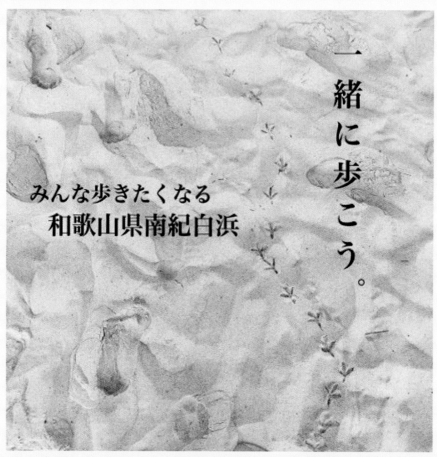

一緒に歩こう。

みんな歩きたくなる
和歌山県南紀白浜

和歌山県（西牟婁郡　南紀白浜）

ポスター部門 インスタの部 準グランプリ

福留 ゆい
Fukudome Yui

私の海 ☆ 和歌山県

[制作者のコメント] 私が大学で所属しているゼミ活動のひとつとして、地域の魅力を表現するスキルを学ぶためにうみぽすに取り組みました。ゼミの課題としてポスター一般の部に応募したのですが、個人でも、手軽に応募することのできるインスタの部に応募しました。受賞結果発表のYouTubeライブを何気なく見ていたのですが、自分の作品が選ばれて家族と大騒ぎしたのを覚えています（笑）。とても嬉しくて急いでゼミの先生に報告したら、先生も喜んでくださいました。このポスターに使った写真は和歌山県南紀白浜で撮影したものです。南紀白浜の砂は大変柔らかくサラサラとしていて、歩くととても気持ち良いです。また、ガラス片やゴミが落ちていないので安心して歩くことができます。この魅力を伝えるために、砂浜だけを写した写真を選びました。砂浜を歩く鳩を見つけ、人間だけでなく鳩も同じ気持ちなのではないかと思い、「一緒に歩こう」というキャッチコピーをつけました。

[審査員のコメント] 南紀白浜のいわゆる観光ガイド的な風景写真ではなく、砂だけを撮影して画面に取り入れています。砂地に出来た風紋が穏やかな気候を語り、陰影が砂の白さときめ細かさを伝えます。その砂地の上の足跡は人間だけでなく、鳩の足跡もあり、「みんな歩きたくなる」という言葉の意味を支えます。南紀白浜の温暖な浜辺の風景を想像させる、モノクロ映画を見ているような、静かで味わい深い作品です。（田久保雅己）

学校から見える絵のような世界

久米島高校から
見た海

沖縄県（島尻郡　久米島）

ポスター部門 Zoom背景の部 グランプリ

新垣 希美佳
Arakaki Kimika

（沖縄県立久米島高等学校）

私の海 ☆ 沖縄県

[制作者のコメント]　久米島高校からの景色です。たまたま授業が終わったときに、ああ綺麗だなと思い、スマホで撮った無加工の写真です。見た瞬間に、まぶしくて、いつも以上にキラキラしていて。学校が終わった解放感もあり、パッと晴れた気持ちの時に、船が来ていたり、光が入っていたりとか、この瞬間を逃さないようにと撮りました。この室外機もいい味を出してると思います（笑）。風景の写真はふだんからたくさん撮っています。久米島はどこを撮っても綺麗です。海も山も川も。素材が良かったんですね、撮る人じゃなく（笑）。コロナで制約された状況が続いていて、こうした海とか空などの外の景色が恋しくなっている人は多いと思うんです。そういう人がたくさんいる中で、自分はこうして学校に通えているという喜びがあります。Zoomの背景ということで、誰に使っていただいても、自分が絵の中にいるような、明るい気分になってもらえたらいいなと思います。

[審査員のコメント]　Zoom会議時の背景はさまざまな人に見てもらうため、ひとつの媒体（ポスター）として機能し、会議に参加する他の人たちに本人のメッセージを伝えることが出来ます。従って、画面中央に自分の顔が映ることを前提に構図を構成しなければなりません。この作品は久米島高校の校内から見た風景。周囲の壁やエアコンが額縁のようになり、その中にはまさしく「絵のような世界」が広がっています。この場所を選んだ時点で、この作品の価値が決定づけられました。（田久保雅己）

沖縄県（美ら海）

ポスター部門 Zoom背景の部 準グランプリ

石野 由佳
Ishino Yuka

（遠鉄コミュニケーションズ）

私の海 ☆ 沖縄県

[制作者のコメント]　最近は家で過ごすことが多くなったので、その時間を利用してイラストを描くようになった中で募集をお見かけし、初めてチャレンジさせていただきました。まさか入賞するとは思っていなかったため大変驚きました。昔、美ら海水族館に遊びに行き、可愛らしい海の生き物に出会えてとても楽しかったことを思い出し、「海の仲間たちも一緒にZoomに参加してもらおう！」とダイビングができるZoom背景を作りました。また心置きなく楽しい海旅ができる日々になりますように。

[審査員のコメント]　Zoom会議の背景は、真面目な会議の時は別として、友人たちとの楽しい会話の時は、楽しい背景のほうが会話を盛り上げてくれます。水着のまま入れる沖縄の美ら海水族館をイメージして、海の仲間たちも一緒にZoomに参加してもらおうという気持ちが伝わってくる作品です。画面中央に自分がいて、まるで海の中から参加しているような雰囲気になること間違いなし。海洋生物のみならず、泡や下地を描く技術は相当なレベルですね。（田久保雅己）

ゆるゆーる
すごそう
はてるまたいむ

波照間島
日本最南端

沖縄県(波照間島　ニシ浜)

ポストカード部門 一般の部 グランプリ

本庄 綾子
Honjo Ayako

私の海 ☆ 沖縄県

[制作者のコメント]　消しゴム版画をパソコンに取り込んでから、着色、文字などを入れ構成しました。かすれ具合など、版画ならではかと思います。高校生の頃からナンシー関さんが好きで、授業中にこっそり彫ったりしていて、高校の売店の消しゴムを買い占めるほどでした（笑）。なので、消しゴム版画歴は細く長いんです。波照間でかき氷屋さんを営んでおり、そのお店にこれまでに作ってきた消しゴム版画作品を飾っていますが、何かの賞に応募するのはこれが初めて。受賞を知ったときは、夢のような、現実感がない感じでした。私は大阪出身。地元の人が"波照間ブルー"と呼ぶ、他にはない、透明度が高くて複雑な色合いの海はもちろん、昔のおばあちゃんちみたいな、懐かしくてゆるやかな時間が流れている雰囲気に魅了され、17年前に移住してきました。コロナで大変な世の中ですが、機会があればお越しいただき、"波照間ブルー"の海に癒されてもらえたらと思います。

[審査員のコメント]　気合の入った作品が多い中、穏やかでゆるーい印象の画面に目を引かれました。コピーに目をやると、「ゆるゆーるすごそう　はてるまたいむ」。全部ひらがなです。ゆるーい絵柄にゆるーいコピー。きっとご本人もゆるーい方なんだろうと想像します。波照間島に行って、島の人たちとお話しすれば、きっと癒されることでしょう。（日本郵便　玉木明）

瀬戸や海の村上

広島県

広島県（瀬戸内海）
海と日本PROJECT 広島エリア賞

ポストカード部門 一般の部 準グランプリ

腹黒兎
Haragurousagi

私の海☆広島県

[制作者のコメント]　私は広島県三原市に住むイラストレーターで、今回パソコンで絵を描きました。絵で受賞したのは、今回が初めてでとても驚いています。ありがとうございます。秋〜冬にかけてとれたタチウオはとても美味しく、大好きな魚のひとつなので、今回の題材に選びました。タチウオの光沢感と、「瀬戸内海の村正」を慣れない習字体で書いたのがこだわったポイントです。柔らかくとても美味しいので、ぜひ瀬戸内海地域でとれた新鮮なタチウオを食べてみてください。

[審査員のコメント]　タチウオ(太刀魚)の姿をそのまま名刀村正にかけています。そのタチウオたちが陽の光に向かって行く様は、ちょっと怖い顔と相まって迫力満点です。でも、タチウオは食べてみると、その味は柔らかくてやさしい。作者の方は、きっと姿も味も、よく知ってるんだと思います。(日本郵便　玉木明)

佐賀県（有明海）

ポストカード部門 こどもの部 グランプリ

廣川 涼優
Hirokawa Ryo

（嬉野市立嬉野小学校）

私の海 ☆ 佐賀県

[制作者のコメント]　有明海ののりはおいしいよって、みんなに伝えたくて、一番わかりやすい「白いご飯と黒い海苔」のポストカードを作りました。描いている途中で、白と黒だけだとちょっと寂しいかなと思って梅干しの赤を足しました。文字をつぶさないように塗るのはすごく大変でしたけど、ちゃんと読めたのでよかったです。応募したのは、お母さんがチラシを見つけて、みんなで出してみようということになったからです。家族それぞれが有明海から思い浮かぶ生き物とか海に関係あるものを好きなように描いたのですが、まさか僕のが選ばれるとは誰も思っていなくて。ポストに、賞を取ったお知らせが入っていたときは、お母さんは本当にビックリしていました。とてもうれしかったです。
（お母さん）応募した中では、一番海らしくない絵だと思っていたので、まさかこの作品で受賞はないと。本当に意外だったのですが、子どもらしい自由な発想がよかったのかなと今では思っています。

[審査員のコメント]　ポストカードを真っ黒に塗って、のりに見立てるなんて…。思わず絶句、そして吹き出してしまいました。強烈さでは、今回のコンテストの中ではピカイチではないでしょうか。それにしても、「の」の字の括られた部分が赤く塗ってあるのはどういう意味なのか？ 笑いのあとに謎が残るというのも、ユーモアのセンスが抜群です。（日本郵便　玉木明）

青森県(青森市　浅虫海水浴場)

ポストカード部門 こどもの部 準グランプリ

宮本 絋太朗
Miyamoto Kotaro

（青森市立浜田小学校）

私の海 ☆ 青森県

［制作者のコメント］　ぼくは、学校で「スイミー」というお話を勉強しました。ぼくが好きな場面は、スイミーが海の中ですてきなものにたくさん出会って元気を取り戻す場面です。海の中には、すてきな世界が広がっているんだと思ってわくわくしました。ぼくの住むまちの近くには浅虫の海があります。浅虫の海は、よくきらきら光っています。海の中もきっとかがやくものでいっぱいだと思いました。

［審査員のコメント］　浅虫は青森県の真ん中、陸奥湾に突き出した夏泊半島にある海辺の町ですね。この絵の様子からして、浅虫の海は底まで陽の光が届くくらい澄んでいるのでしょう。転がった石も、みなキラキラ輝いています。絋太朗くんに「すてきだね」とほめられたお魚くんも、色鮮やかに輝いて、自慢げな表情をしています。（日本郵便　玉木明）

愛知県（知多郡　日間賀島）
海と日本PROJECT 愛知エリア賞

サスティナブル奨励賞
SDGs14 海の豊かさを守ろう賞
瀬川 要
Segawa Kaname

私の海 ☆ 愛知県

[制作者のコメント]　愛知のおばあちゃんの家で食べたタコが今までで一番美味しく、どこの海でとれたか聞いたら「日間賀島」と教えてくれました。ずっと美味しいタコが食べられるよう、海を汚さないで欲しいという思いを込めて描きました。受賞したことを聞いた時はびっくりしました。今、ちょうど学校の授業でSDGsのことを勉強していたので、それに関する賞がとれたのもうれしかったです。去年も出して、今年もうみぽす出してみたら? とお母さんに言われたのが、応募しようと思ったきっかけです。僕が工夫したのはタコの墨に墨汁を使ったことです。出来上がった後に墨で描く際、一発勝負だったので緊張しましたが上手くできたのでよかったです。愛知のおばあちゃん達も受賞のことを喜んでくれたのでやってよかったです。

[審査員のコメント]　ゴミを捨てないでやキレイな海を守ろうというありがちなキャッチフレーズじゃなく、ユーモアあふれる表現が何よりもすばらしいですね。言葉を書きすぎず、見る人に考えてもらう余白をつくっていることもすばらしい。海ゴミの8割は、海に直接捨てられたものではなく、我々の普段の生活で道路に転がっているようなものが海に流れ着いているのだそうです。タコさんが持っているゴミはまさしくそういったものばかり。そんなことにも気づかせてくれるとても素晴らしい作品です。(海洋連盟)

＜SDGsとは＞
「Sustainable Development Goals(持続可能な開発目標)」の略称で、持続可能な世界を作るために、国連サミットで2030年までに世界中で協力して達成しようと定めた17の目標のことです。詳しくは外務省の「SDGsとは」をご覧ください。

愛知県(知多郡　師崎)

サスティナブル奨励賞

うみめし賞

柘植 雅一
Tsuge Masakazu

私の海 ★ 愛知県

[制作者のコメント]　愛知県知多半島の先っちょにある師崎は、私が子どもの頃よく遊んだ場所です。釣りをしたり、干潟でカニや魚をとったり、一日中へとへとになるまで遊んだものです。冬にはわかめが干してあったり、夏には釜ゆでのしらすが干してあったり、潮の香りとともに懐かしい記憶が蘇ります。今でもたまに出かけては、子どもと一緒に、釣りをしたり海の幸を食べたりして楽しんでいます。そんな師崎には、じゃこが練りこめられていたり、ふりかけられていたりするアイスを販売するお店があります。最初はえ〜っと思いましたが、食べてみると、じゃこの塩味がアイスと絶妙にあっていてとてもおいしいんです。　師崎を訪れたら、潮の香りをおもいっきり吸って、海の幸をたらふく食べて、目の前に広がる大きな海を見ながら"じゃこアイス"。

[審査員のコメント]　街を過ぎゆく人たちの目を止められるかどうか、キャッチーかどうかが良いポスターのひとつの条件ですが、この作品はそのかたまりです。まず、絵。個性的なタッチのこの図案でまず一度見させ、その後「じゃこ」と「アイス」のミスマッチな組み合わせのコピーで二度見させる。なかなか二度見するポスターはありませんが、この作品は「それこの世に存在するの?」という疑問が湧いて、次の情報を探して三度見してしまいます。そして、きっとその先の行動も起こさせると思います。う〜ん、すばらしい。(海洋連盟)

兵庫県（神戸市）

審査員特別賞
日本郵便賞

小山田 賢昊
Oyamada Kenko

（神戸市立美野丘小学校）

私の海 ☆ 兵庫県

[制作者のコメント]　僕のうちからは神戸港が見えます。神戸ポートタワーも毎日見ています。この絵は最初は空とポートタワーだけだったのですが、ちょっと寂しかったので背景をどんどん青くしていったら、海に沈んだみたいになっちゃいました。受賞は、お母さんが発表のライブを見ていて、学校から帰った時に教えてもらいました。実はこれ以外にも2つ描いていて、そっちの方が上手にできたと思っていたので、ちょっとビックリしました。でもかっこいいポートタワーは大好きです。みんなに見に来てほしいです。
（お母さん）賢昊のお兄ちゃんが学校でうみぽす募集の知らせを聞いてきて、兄弟で応募しました。賢昊は昔から絵を描くのが好きで、今回も楽しそうに描いていました。本人的にはイマイチだったみたいですけれど、親としてはインパクトがあって気に入っています。家には彼の絵がたくさん飾ってあるのですが、このポストカードも新しい我が家のコレクションになります。

[審査員のコメント]　神戸ポートタワーをここまでシンプルに描いた絵は見たことがありません。これだけストレートな表現は、なかなか大人でもできるものではありません。その大胆さと力強さに脱帽しました。また、青い空と海が一体となって表現され、タワーの赤が見事に映えています。この透明感が、神戸港を吹き渡る風まで感じさせてくれます。真っ青に晴れ渡った日に、ポートタワーを見に、神戸に出かけたくなりました。（日本郵便　玉木明）

海はおもしぇべ！

南相馬・村上海岸

福島県（南相馬市　村上海岸）

審査員特別賞
ビックカメラ賞

佐藤 絵里
Sato Eri

私の海 ☆ 福島県

[制作者のコメント]　ポスター作りやカメラの知識もなく、スマートフォンで何気なく撮影した写真を応募させていただいたので、自分の作品が画面に映し出された時は驚きました。審査員の方が復興について触れてくださったことに、家族は涙して喜んでいました。主人の実家への帰省中、密を避けて遊べるようにと連れていってもらった村上海岸は、震災前の夏は海水浴場となり沢山の人で賑わっていたそうです。この日は釣り人や波打ち際で遊ぶ親子数人の他に、海に手を合わせる年配のご夫婦や家族連れも訪れていて、楽しく遊ぶ息子達を見ながら色々な思いがこみあげました。海は魚の姿がはっきりと見えるほど透明度が高く、南相馬の海がとても綺麗なことに正直驚きました。震災から10年が経ちますが、原発事故のあった場所に近いこともあり、訪れることに抵抗がある人も多いと思います。時間はかかっても、いつかまたこの海が賑わう日がくるといいなと思いました。

[審査員のコメント]　うみぽすのテーマの一つである「海の楽しさ」がひと目で伝わってきました。「おもしぇ」は東北地方で広く使われる「面白い」「楽しい」と言う意味の方言だそうですね。地震による津波で大きな被害を受けられた福島県南相馬市。完全な復旧までにはまだ月日を要すると思いますが、少なくても写真を撮られた瞬間は、お祖父様とお孫さんと思われる三人の和やで楽しそうな雰囲気より、以前の穏やかな海岸、日常が戻っている様子がうかがえました。私たちも写真を拝見してホッとし、嬉しくも感じました。幼少の頃、誰もが砂場で水遊びをした思い出があるはずです。なつかしさとともに見る人に温かさ、幸せな気持ちを届けてくれる作品です。（ビックカメラ）

香川県（高松市　鎌野海水浴場）
海と日本PROJECT 香川エリア賞

審査員特別賞
石原 良純 賞
海と日本PROJECT賞

ブルーライジャケ!
Blue-life jacket!

私の海 ☆ 香川県

[制作者のコメント]　みんなでよく遊ぶ大好きな海で、ライフジャケットの講習会をしたり、海ゴミ清掃もしました。これからもキレイで安全な海であって欲しいと願い、地元の海をポスターにしたいと思って応募しました。ダブル受賞ということですごくビックリしましたが、とても嬉しかったです。多くの人にポスターを見てもらって、安全でキレイな海を未来まで守っていくキッカケになってくれたらいいと思います。子ども達の良い思い出にもなりました。

[審査員のコメント]　未来をまもる! と揃いの青いTシャツにオレンジ色のライフジャケットを纏ったちびっこ海洋少年団の皆さん。そう、貴方たちの頑張りに日本の海の未来も世界の海の未来もかかっているのです。きっと今年は、物足りない夏を過ごしたのでしょう。でも、どんなに長い夜もいつかは明ける。コロナなんて、あっという間。そんな子供達の活躍する未来を予感させる作品に、僕は"良純賞"を贈りました。(石原良純)

本作品を目にした瞬間に、直感的にこれだと感じました。ライフジャケットを着用かつ片手にはゴミ拾い用のトングを持ったお子さんたちが、海を背景に一列に並び、海を守りたいと宣言しています。真剣な表情からは、未来の海をしっかり引き継いでくれそうな意思を見て取れ、非常に頼もしさを感じました。まさに海と日本プロジェクトを体現したような作品だと思います。(日本財団)

海もあるし、　空も飛べるかも 伊勢志摩

三重県（伊勢志摩）

別所 哲也 賞

中原 正昭・中原 未遥
Nakahara Masaaki, Nakahara Miharu

私の海 ☆ 三重県

[制作者のコメント]　伊勢神宮の内宮付近と鳥羽の町を結んでいる、伊勢志摩スカイラインの展望台から撮影したものです。この場所は、映画の舞台になったため、子どもが行きたい！ というところから始まりました。また、うみぽすに応募しようとしたきっかけは、海の日にゴミ拾いが開催された時に知り、海が見えるところへ行ったときには、その度に撮影しているところでした。この展望台は、赤いポストと青い空を撮影するのが有名で、行ったその日も行列ができていました。その場所に加えて、展望台の売店が用意しているホウキを借りれば飛んでいる写真が撮れる！ と知り、何度も何度も撮影して、その中から選んだものです。この写真は、身軽な子供が上に飛んで行く傍ら、親が追いかけているところを、映画のような一コマにしたい！ と思い制作しました。受賞したことは、家族にとっても良い思い出になりましたし、この写真を見て三重に来ていただけたらと思います。

[審査員のコメント]　私の特別賞として選ばせていただいたこの作品は、海もあるし、空も飛べるかもという伊勢志摩の作品です。私自身、国際短編映画祭「ショートショート フィルムフェスティバル」という映画祭を主催しているわけですが、数々の作品を見るとき、起承転結よりも、そこにある奇想天外さ、驚きみたいなものを大切にしています。この作品も伊勢志摩の美しい海と空、そこに二人が箒に乗って空を飛んでいる。まさに空想の世界ではありますが、思わずこの青さ、美しい海に力を得て、空を飛べるのではないかと思わせてくれる、素晴らしい作品です。(別所哲也)

森本 千絵 賞

たいちペンギン
Taichi-penguin

私の海 ☆ 北海道

北海道（オホーツク海）

［制作者のコメント］　ふねをかくのがむずかしかった。

［審査員のコメント］　こんな年だから　海に希望をもって　力強く
　　　　　　　　　　　描いている　この作品に心から惹かれました。
　　　　　　　　　　　この勢いのまま　大志を抱いて　この世界を
　　　　　　　　　　　冒険してほしい。（森本千絵）

東京湾レインボーブリッジノースルートから

water, people, crossing

東京湾。

つながってる。
大切なものは
きみもぼくも
ディスタンス
すべて相思在
虹の橋と海蛍
夕凪輝く水面
田んぼの青空

東京くにたちはたけんぼの田植え風景

東京都（東京湾＋谷保）

審査員特別賞
中村 征夫 賞
NPO法人くにたち農園の会
Kunitachi Nouennnokai

私の海 ☆ 東京都

[制作者のコメント]　毎年、NPOでは子どもたちと「うみぽす」のワークショップを行っているのですが、今年はコロナ感染病予防のため、そ
れぞれがおうちで挑戦することになりました。みんなで集まって作品を作る時間はとても楽しく、毎年心待ちにしてい
た時間だったので、残念でした。そこで、今年の夏は、都外に出なくても見に行ける唯一の海「東京湾」へ息子と車で
出かけ、レインボーブリッジを歩いてみました。私たちの田んぼは、武蔵野台地の豊かな地下の湧き水と多摩川から
ひきこんだ用水を使っています。そして、多摩川もまた、東京湾へとつながっています。今回は、ソーシャルディスタン
スを保ちながら3密を避けて行ったNPOでの今年の田植えの写真と、東京湾の「水面」を交差させてひとつにし、つな
がりの大切さを表現しました。離れていても心はひとつ。すべての方々の健康と、コロナの収束を心から願っています。

[審査員のコメント]　すべてのものがつながっている。それを表現するのは簡単ではないけど、息子さんとレインボーブリッジを歩き、大都会
の海を俯瞰で眺めているうちに、ふとヒントが浮かんできたのではないだろうか。仲間たちと耕す田んぼの水は、武蔵野
台地の湧水と、多摩川から引いた用水を用いている。その多摩川の水は東京湾に流れ込んでいる。すべてのものは見
えないところで影響し合っているという難しいテーマを、ユニークな発想で美しく表現されています。(中村征夫)

静岡県（賀茂郡南伊豆町　弓ヶ浜）
海と日本PROJECT 静岡エリア賞

矢ヶ崎 紀子 賞

阿形 咲耶
Agata Sakuya

私の海 ☆ 静岡県

[制作者のコメント]　静岡にある南伊豆弓ヶ浜は、私が幼少期に家族とよく行っていた思い出の海です。夏は沢山の人で賑わいますが、涼しくなり静かになると、カニたちが顔を出し海辺でハサミをチョキチョキし始めます。カニたちはどこか嬉しそうで、まるでピースをしているかのように見えた記憶があります。その時の光景をイラストにしました。

[審査員のコメント]　ひと目で「面白い！」と思えるインパクトのある作品です。「夏過ぎて、海辺で踊る、ピースサイン」　南伊豆の弓ヶ浜は、夏に多くの人々で賑わうのでしょう。それが過ぎて、美しい砂浜に静寂さが戻ってきます。そこには、我らが浜を取り戻したかのような「ピースサイン」が、優しい色彩ながらくっきりと。バルタン星人が笑っているかのように、「ピースサイン」が揺れています。なんとも見飽きることがない、楽しい作品です。（矢ヶ崎紀子）

目を奪われた。

キラキラの、赤い世界に。

OKINAWA
西洲

沖縄県(浦添市　西洲)

審査員特別賞

田久保 雅己 賞

美沙紀
Misaki

私の海 ☆ 沖縄県

［制作者のコメント］　買い物した帰りに見た、海岸の海です。赤く染まった空と海に目を奪われました。

［審査員のコメント］　この構図に目を奪われました。遠くから見ると目の輝きが生き生きと、キラキラ輝いて見えるのですが、その目そのものが「買い物した帰りに見た、海岸の海」。夕景が目の中に入っているとは、斬新なアイデアです。このアイデアを見事な作品に昇華させているのは目の輪郭や眉毛とのバランス、そして上下に配された煌めく帯の色選びのセンスの良さです。このポスターを見た瞬間に、キラッと輝くものがありました。（田久保雅己）

美味しいお米
美味しいお魚
ふるさとの味

佐賀県・唐津

佐賀県（唐津）

審査員特別賞
日比野 克彦 賞
熊田 忠義
Kumada Tadayoshi

私の海 ☆ 佐賀県

[制作者のコメント]　初めての応募でしたが、日比野克彦先生より選んでいただいてただただビックリしています。偶然にうみぽすを見てユニークな皆さんの作品に凄くひかれまして、私も海の風景が好きでしたので応募してみました。きらびやかな都会の風景より、何気ない日常の故郷を感じられ癒される絵や写真が好きです。私の故郷は海がありませんので、このような棚田と小さな漁港を眺めて静かにいられる空間が心地よく感じます。佐賀県産の農産物や魚介類等美味しくて良かったです。

ポスター部門 一般の部
入賞者一覧 （敬称略）

山本 大輝	渡邉 聡
藤縄 大樹	mezawa hiroyasu
佐々木 南海	砂山 海子
竹田 芽吹	壷内 尚紀
三嶋 萌	さぬきのあーすけ
高橋 裕	鍵 栄二
加藤 くるみ・伊藤 理乃・	高橋 秀治
柏 峻平・神澤 祐輔	山崎 秀志
齋藤 勇夫	福井 隆
三好 保津＋綾城 圭	大谷 麻予
猪狩 葵・布井 秀人	杉本 恵
竹内 楓香	稲元 正敏
腰塚 彩果	宮内 蕉子
星野 朱里	中島 真紀子
齋藤 順一	樋口 琢哉
伊藤 卓義	居村 倫也
福留 ゆい	香川県立多度津高等学校 写真部
maki kurihara	Beloved family
清水 清夏・板倉 みすず	秋月 結衣
齊藤 侑那	栗林 卓矢
太陽がいっぱい	平田 善児
堀 さつき・片岡 雛子	果実パパ
宮内 貴美香	奥村 朋之
川崎 由紀	下宇宿 和男・有薗 薫
長谷川 結香	中原 光海・甲斐 心寧・山崎 悠華
稲垣 美思	長 小舞妃
利根川 芙海	中野 重二
kinoshita yuki	Botchy-Botchy
向井 祥子	新地 昭彦
村田 伊芙希	西川 恵美
さぬきのあーすけ	池田 香菜
後藤 桃花	直緒 次郎
島村 泰輔	仲村 咲乃
小松 くるみ	大高 竜哉
山村 孝太	吉永 汐里
青木 洋子	古堅 隆誠

ポスター部門
一般の部 入賞

北，　冬，　海

知床の海は一晩で白く姿を変えるらしい。
いま日が落ちる。明日にはまた変わるはず。
はるか北からの贈り物。

北海道・斜里町

北海道(斜里町　オシンコシンの滝)

山本 大輝
Yamamoto Daiki

私の海 ☆ 北海道

[制作者のコメント]　　車を走らせても走らせても続く流氷に目を奪われました。
　　　　　　　　　　　現地の方によるとちょうどこの日、海は一晩のうちに音もなく一面流氷に包まれたとのことです。

[審査員のコメント]　　ピンと背筋が伸びるような写真の空気感がすてきです。

青森県(八戸市　種差海岸)

藤縄 大樹
Fujinawa Daiki

私の海 ☆ 青森県

[制作者のコメント]　写真の明度や彩度の調整を頑張りました。うみねこのフンはうみねこ爆弾と呼ばれているので、そこから着想を得ました。

[審査員のコメント]　わたしもウミネコに爆撃されたことがあります(トホホ)。

青森県（三沢市　三沢ビードルビーチ）

佐々木 南海
Sasaki Minami

私の海 ☆ 青森県

［制作者のコメント］　まだ海開き前なので、集まるなら今だということをあらわしています。　地の果て感のある場所ですが、バスが通っていて観光地になっている。実は人の手が行き届いているのもポイントです。

［審査員のコメント］　海好きです。みんなでワイワイもいいですが、人のいない海でぼーっとするのもいいですよね。

青森県（八戸市　種差海岸）
海と日本 PROJECT 青森エリア賞

竹田 芽吹 (日本大学)
Takeda Mebuki

私の海 ☆ 青森県

[制作者のコメント]　地元の大好きな海の魅力を伝えるために、美しいだけでなく親しみやすさもアピールしようと思い、うみねこをミニキャラ化し、海の美しさとうみねこの可愛さのどちらも伝えられるよう心がけました。

[審査員のコメント]　ミャーミャー鳴く声がかわいいよね。海の猫って名前を付けた人のセンスに脱帽。

今日も。明日も。

海と生きる。

岩手県 釜石市 唐丹

岩手県（釜石市　唐丹湾）

三嶋 萌
Mishima Megumi
私の海 ☆ 岩手県

［制作者のコメント］　写真は、漁師である父の仕事についていった際に撮影したものです。震災があっても負けずに、めげずに、私たち家族のために、海での仕事を頑張ってくれています。海が大好きな父。きっとこれからも、海と共に生きていく。

［審査員のコメント］　ジーンときました。変わらない海もいいけど、変わらないお父さんの生き方もステキです。

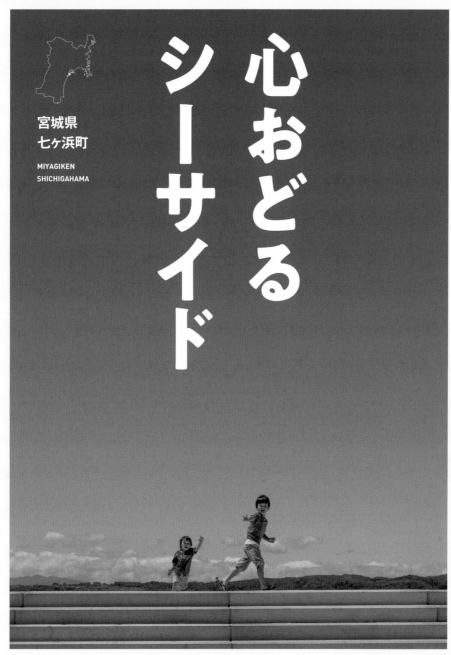

心おどる
シーサイド

宮城県
七ヶ浜町

MIYAGIKEN
SHICHIGAHAMA

宮城県（宮城郡　七ヶ浜町）

高橋 裕 （タカハシユタカ・デザイン）
Takahashi Yutaka

私の海 ☆ 宮城県

［制作者のコメント］　新型コロナウイルスでの自粛が続き精神が疲弊している頃、七ヶ浜町にドライブに行き、名前がわからない浜に行き着いた。そこには自粛自重気分を晴らす、青すぎるオープンエアがあった。

［審査員のコメント］　海を見ると気分が上がりますよね。お子さんたちの興奮した声が聞こえてきそうです。

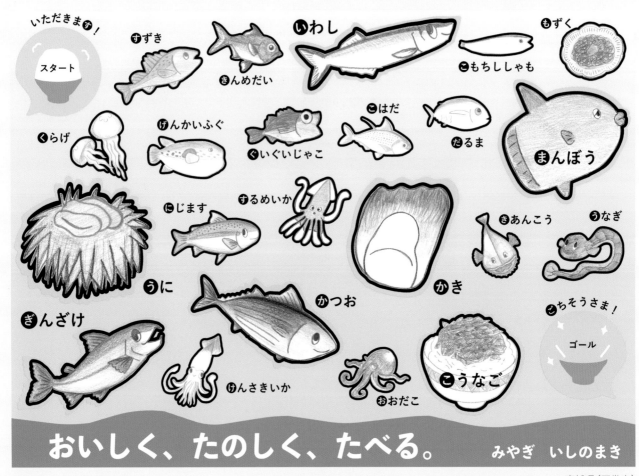

おいしく、たのしく、たべる。　　みやぎ　いしのまき

宮城県(石巻市)

加藤 くるみ・伊藤 理乃・柏 峻平・神澤 祐輔
Kato Kurumi, Ito Rino, Kashiwa Shunpei, Kanzawa Yusuke

私の海 ☆ 宮城県

[制作者のコメント]　魚の名前を覚えて、魚を食べて、海と生きている実感を子ども達に感じてほしいと考え、しりとりにしました。うっかり、しりとりになっていない箇所がありますが、そこは間違い探しということで…!

[審査員のコメント]　グイグイジャコは地方によってはノドグロと呼ばれているらしいです。

恋人たちのサンセットベンチ完備です！

秋田市・新屋浜

秋田県（秋田市　新屋浜）
海と日本PROJECT 秋田エリア賞

齋藤 勇夫
Saito Isao

私の海 ☆ 秋田県

［制作者のコメント］　新屋浜は写真を撮りによく行く海岸です。それだけに汚れ具合がよくわかります。そんな時に見つけたのがあの「ベンチ」でした。きれいになった浜辺の象徴のようでした。

［審査員のコメント］　ただの流木も、恋人たちには愛のベンチ…、あーっオレもラブラブしたい！

山形県（飽海郡遊佐町　釜磯海水浴場）

三好 保津＋綾城 圭
Miyoshi Hozu, Ayashiro Kei

私の海 ☆ 山形県

[制作者のコメント]　山形県釜磯海岸には、鳥海山の地下をつたって湧き出るポコポコ水による無数の穴ぼこがあります。海なのに山と繋がる場所。あの歌のリズムを拝借して、海と山の意外な関係性を表現しました。

[審査員のコメント]　この穴ぼこには、はまってみたい。今度山形にいったら、ぜひ真似します。

福島県（小名浜海岸）

猪狩 葵・布井 秀人
Igari Aoi, Nunoi Hideto

私の海 ☆ 福島県

[制作者のコメント]　福島に帰省ができなかった2020年…。パートナーと自宅のお風呂場に海を感じられるセットを用意し、姉達と一緒に行った小名浜海岸の動画を流して夏を満喫してみました！ 今年ならではの楽しみ方ができました！

[審査員のコメント]　2020年はコロナ禍の特別な夏でしたが、こんな工夫で家でも海を楽しめますね。

茨城県(東茨城郡　大洗サンビーチ)

竹内 楓香 (茨城県立那珂湊高等学校)
Takeuchi Fuka

私の海 ☆ 茨城県

［制作者のコメント］　祖父は毎年、大洗サンビーチで海開きをすると小売店を経営しています。私たち5人兄弟、7人家族は毎日手伝いをしています。小学生の妹たちが太陽の光で黒く日焼けしていくのが夏を感じられたので写真を撮りました。

［審査員のコメント］　こどもたちのこの笑顔が全てを語っています。

茨城県(東茨城郡　大洗町)

腰塚 彩果
Koshitsuka Ayaka
私の海 ☆ 茨城県

[制作者のコメント]　　大洗は、あんこうが有名で、珍しいあんこうの吊るし切り解体ショーのわくわく感や見てみたいと思ってもらえるように
　　　　　　　　　　考えながら作成しました。また、キャッチコピーとして茨城弁を使い、大洗らしさを加えました。

[審査員のコメント]　　あんこうの解体ショー!! これは見なければ。あ、お腹も空いてきた。

茨城県（ひたちなか市　阿字ヶ浦）

星野 朱里（東京情報クリエイター工学院専門学校）
Hoshino Shuri

私の海 ☆ 茨城県

［制作者のコメント］　夏まで5分の疾走感のある斜線のバランスや、どうしたら海の楽しい賑やかな感じが出るかを試行錯誤して考えました。

［審査員のコメント］　駅から徒歩5分で海だなんて、なんて恵まれた環境でしょう。

やっとでた

みんなの

のぞみを

つなげる

うんかい

栃木県（宇都宮市）

齋藤 順一
Saito Junichi
私の海 ☆ 栃木県

[制作者のコメント]　　海なし県のねばり！雲海待ち

[審査員のコメント]　　宇都宮でも雲海が見られるんですね。餃子＆雲海ツアーでも行ってみようかな。

こ
を
ど
こ
い
へ
向
鴨
川
で
す
。

外房黒潮
東条海岸

千葉県(鴨川市　東条海岸)

伊藤 卓義 (アーティーズ)
Ito Takuyoshi

私の海 ☆ 千葉県

[制作者のコメント]　　温泉とシーワールドが好きで、特に東条海岸の景色が大好き！雄大な自然に包まれた広大な海岸、家族仲良く皆一緒！でもバラバラの方向を見て、何を思っているのか・・・(笑)。どこを向いても素敵な鴨川の朝です。

[審査員のコメント]　　なんだか映画のワンシーンみたいです。

千葉県(九十九里浜)

福留 ゆい
Fukudome Yui

私の海 ☆ 千葉県

［制作者のコメント］　このポスターに使った写真は17年前のもので、写っているのは私と、私の双子の妹です。家族みんなで海に行って穴を掘ったところ、気に入って2人でずっと入っていたそうです。

［審査員のコメント］　海行くとね、穴掘りたくなるよね。そんで、その穴に入りたくなるよね。

いつでもまた一緒に来よう。

千葉県鴨川市
kamogawa-shi chiba-ken

千葉県（鴨川市　前原海水浴場）
海と日本PROJECT 千葉エリア賞

maki kurihara
maki kurihara

私の海 ☆ 千葉県

[制作者のコメント]　またいつでも何度でも、一緒に来たい特別な場所。この場所に育てられ、この場所で育てていく。そんな未来への繋がりを強く感じた日。友人の子供が生まれる前、一緒に写真を撮りに行った地元の海です。

[審査員のコメント]　お腹の中にいるときから海を感じていられるなんて、なんて幸せなお子さんでしょう。

海外にいけなくたって　近くに素敵な海がある

神津島

東京都(神津島)

清水 清夏・板倉 みすず
Shimizu Sayaka, Itakura Misuzu

私の海 ☆ 東京都

[制作者のコメント]　コロナ禍で海外旅行が困難でも、東京・調布から飛行機でたった40分。白砂に透明度抜群の海外並みのビーチがあります。まだまだ安心できない日々ですが、落ち着いたら、おしゃピクして癒されに行っていただきたいです!

[審査員のコメント]　神津島の海、すてき過ぎます。これで東京都だから、さらにインパクトあるよね。

東京の
海を守るため
私たちが
できることを

おだいばビーチ

東京都（港区　おだいばビーチ）

齊藤 侑那（東京情報クリエイター工学院専門学校）
Saito Yuna

私の海 ☆ 東京都

［制作者のコメント］　海にゴミを不法投棄すると海の生き物が迷惑するという意味でデザインしました！
　　　　　　　　　　　イラストと写真を合成するのに苦労しました。

［審査員のコメント］　よく見たら人魚がゴミを拾ってくれている。申し訳ないです。

神奈川県（鎌倉市　七里ヶ浜）

太陽がいっぱい
Taiyogaippai

私の海 ☆ 神奈川県

［制作者のコメント］　アラン・ドロンの映画、『太陽がいっぱい』のようなシーンを切り取った写真を使いました。

［審査員のコメント］　いやぁ、写真の彼がアラン・ドロンに見えてくるから、ふしぎ。

降り注ぐ太陽の光線が、

まとわりつくこの潮風が、

私を少し背伸びさせてくれる。

私、海が好きです。

神奈川県(藤沢市　片瀬西浜・鵠沼海水浴場)

堀 さつき・片岡 雛子
Hori Satsuki, Kataoka Hinako

私の海 ☆ 神奈川県

[制作者のコメント]　日焼けはするし、べたつくし、髪はきしむしいいところなんてないと思っていた海。でも波の音や、気持ちいい風を感じな
がら物思いにふけりたくて、足を運んでしまう。大人びたことをしたいのに、まだまだ周りの目線や子供っぽい悩みが気
になる学生時代の少女から大人になるはざまの葛藤を、江ノ島という少し大人びたビーチで撮影して作りました。

[審査員のコメント]　人生にはドラマが必要で、その舞台のひとつに海はきっと入っているんですよね。

また、あの子と行きたい

七里ヶ浜

神奈川県（鎌倉市　七里ヶ浜）

宮内 貴美香
Miyauchi Kimika

私の海 ☆ 神奈川県

［制作者のコメント］　5年間付き合っている彼氏と、遠距離恋愛になって1年。毎年のように行っていた、出会った街の海。この写真を見るだけで、当たり前のようにたくさん会えていた日々を思い出します。また、たくさん一緒に行ける日を待ち望んでいます。

［審査員のコメント］　二人で行きたいけど、一人で行っても絵になるね、海は。

海があって
砂があって
母さんがいる
昔とおんなじ
佐島の海

神奈川県（横須賀市　佐島）

川崎 由紀
Kawasaki Yuki

私の海 ☆ 神奈川県

［制作者のコメント］　3年ほど前、家族と遊びに行きました。海岸には小さな生き物がたくさん生きていて、子どもたちと、ただただその生き物を探したり、貝殻を拾ったり、砂を掘ったりして遊び続けました。また行きたいね、と言ってからなかなか行けずにいます。次に行ったときも変わらず、あの時のように遊べるかしら、、、遊びたいなあと思います。

［審査員のコメント］　なんかすごくノスタルジックな気分になりました。

新潟県（新潟市　関屋浜）

長谷川 結香
Hasegawa Yuka

私の海 ☆ 新潟県

[制作者のコメント]　毎年、新潟市内にあるお墓にお参りしがてら、海水浴に行きます。いつもきれいな関屋浜。地元の管理していただいて
　　　　　　　　　いる方々に感謝しつつ、毎年お世話になりたいです。

[審査員のコメント]　理由なんかない。そこに海があるから、こどもは突撃するんだ。

富山県（射水市　海老江海浜公園）

稲垣 美思（金沢科学技術大学校）
Inagaki Mikoto

私の海 ☆ 富山県

[制作者のコメント]　スマホで写真を撮りに行って、ウミドリが遠くに何羽か見えた時の風景です。実際にスマホの画面で写真を撮っている風に見えるようにしました。遠くに小さく見えるウミドリをどのように見せるかが大変でした。

[審査員のコメント]　ウミドリと穏やかな海と、あとは何か必要でしたっけ？

利根川 芙海
Tonegawa Fumi

私の海 ★ 富山県

[制作者のコメント]　東京から富山へ移住し、魚やカニの美味しさに心底感動しています。今年のGWは東京への帰省ができずとても寂しかったのですが、ふと思い立って「リモートカニパーティ」をしました。実家の両親（東京・写真下）と、姉家族（東京・写真左）、自宅（富山・写真右）を、Zoomでつなぎ、一緒にカニを食べました。新湊では美味しいカニを安く手に入れることができます。東京ではカニを食べるなんてとても贅沢なことですから、両親も姉家族も大興奮！ わたしたち家族もとても楽しかったです。コロナ禍でみんなで集まることもままなりませんが、富山の美味しいカニを、遠くの家族と一緒に食べたのはとても楽しかったので、ぜひみなさんにおススメしたいと思いポスターにしました。

[審査員のコメント]　Zoomで蟹パーティ!!! こりゃ楽しいでしょう。オレもやりたい。

流れ着く物に
新しい価値を。
To the next new value.

in 珠洲市 鉢ヶ崎海岸

石川県（珠洲市　鉢ヶ崎海岸）

kinoshita yuki
kinoshita yuki

私の海 ☆ 石川県

[制作者のコメント]　海に囲まれた石川県では、遠い遠い異国の地から海洋プラスチックゴミが流れ着いてきます。残念ながら豊富に取れるゴミですが、見方を変えることでゴミとは違う価値あるものになるのではないか？そんな囁きをしたいと思い、キャッチコピーとイラストで表現しました。

[審査員のコメント]　海ゴミを汚く見えないように見せるこのセンス、すごいと思います。

石川県（珠洲市）

向井 祥子
Mukai Shoko

私の海 ★ 石川県

[制作者のコメント]　能登にある実家に行くといつも必ず魚料理を作って待っていてくれます。家族の有り難さや能登の良さに大人になってから気づくことができ、大好きな地元をPRできて嬉しく思っています。

[審査員のコメント]　えぇ! お腹いっぱいおいしいお寿司が食べられるなんて、うらやましい。

詳しくはここで

自分の目で見に行ってみよう
石川県 金沢市

石川県（金沢市　金沢港）

村田 伊芙希（金沢科学技術大学校）
Murata Ibuki

私の海 ☆ 石川県

［制作者のコメント］　海は写っていないのですが、とても綺麗な海があるので是非来てください。実は綺麗な海がここにはあります。それから潮風もふいていて素敵な場所です。

［審査員のコメント］　海が写っていないのに、海が感じられる。すごくいい写真ですね。

「オカンが言うには、日本でそこだけ
車が砂浜を平気で走っとる
らしいねんな…」

「千里浜なぎさドライブウェイ！」

石川県（千里浜なぎさドライブウェイ）
海と日本 PROJECT 石川エリア賞

さぬきのあーすけ
Sanukinoasuke

私の海 ☆ 石川県

[制作者のコメント]　母親が忘れたものを特徴を聞いて当てていくお笑いコンビのネタにあやかって作りました。千里浜海岸の夕暮れ時の
美しさもぜひ知ってもらえたらと思いました。

[審査員のコメント]　「でもオカンが言うには誰も写真撮ってないねん」「ほな千里浜なぎさドライブウェイと違うな」

俺についてこい

福井県　越前海岸

福井県（越前海岸）
海と日本PROJECT 福井エリア賞

後藤 桃花
Goto Momoka

私の海 ☆ 福井県

［制作者のコメント］　お互い海が大好きな私たち。陸では恥ずかしいけど、海の中だったら、俺についてこいって言われて引っ張ってくれても嬉しかったり。笑　その宣言通り、秋に結婚しました。

［審査員のコメント］　昔「潮騒」という映画があったけど、海には二人を後押しするチカラがあるよね。

長野県

島村 泰輔 （専門学校未来ビジネスカレッジ）
Shimamura Taisuke

私の海 ☆ 長野県

［制作者のコメント］　　自宅で取れた夏野菜をみて、海との繋がりを感じました。長野県には海がないですが、海なし県でも「環（わ）」のサイクルで海と関わっていることがこの作品のテーマです。そのことを忘れてはいけないと思いました。

［審査員のコメント］　　野菜から海を発想していくイマジネーションの飛躍がすごいね。

湖、まじ海。

長野県　諏訪湖

長野県（諏訪湖）
海と日本 PROJECT 長野エリア賞

小松 くるみ（専門学校未来ビジネスカレッジ）
Komatsu Kurumi

私の海 ☆ 長野県

［制作者のコメント］　夏休みに写真を撮りに行ったときに、多くの人が諏訪湖でモーターボートを楽しんでいるのを見ました。その方たちを見ていると思わず湖が海に見えたので、「湖、まじ海。」という口に出したくなるようなキャッチコピーをつけました。

［審査員のコメント］　これだけ大きければ海みたいなものですよね、確かに。

長野県

山村 孝太 （専門学校未来ビジネスカレッジ）
Yamamura Kota

私の海 ☆ 長野県

［制作者のコメント］　以前から海のプラスチック問題については知っていました。なので、海のプラスチックが少しでも減ったらという思いと、
　　　　　　　　　　ロマンチックな海であって欲しいという2つの思いを込めて、制作にあたりました。

［審査員のコメント］　海ゴミの7〜8割は街のゴミが流れ込んだ結果らしいので、みなさんも気をつけましょう。

あなたたち……

密です！

□□には愛のディスタンスで

静岡県（下田市　爪木崎）

青木 洋子
Aoki Yoko

私の海 ☆ 静岡県

［制作者のコメント］　海の良さは夏だけじゃない。爪木崎は冬に300万本もの水仙の花が咲きます。アラサー姉弟と、還暦父が体を張って2020年ならではの楽しみ方をアピールしました（撮影：母）。

［審査員のコメント］　この写真、おもしろすぎます。ノリのいいご家族でなによりです。

静岡県沼津市・千本松原

静岡県（千本松原）

渡邉 聡（STUDIO MOVES）
Watanabe So

私の海 ☆ 静岡県

［制作者のコメント］ 昨年夏「生きることを頑張ろう」と誓い合った友人が命に関わる病気にかかりました。 それを乗り越えた友人は、自身の体験を映画にすることを決めました。 その友人役を演じた役者の勝負に挑む後ろ姿をとらえました。

［審査員のコメント］ 構図も色味もドラマチックで、いい感じです。映画を撮るそうで、そちらも期待してます。

静岡県（熱海市　初島）

mezawa hiroyasu
mezawa hiroyasu

私の海 ☆ 静岡県

［制作者のコメント］　熱海港から初島へ。フェリーに付き添うように飛ぶカモメ。初島まで案内してくれてる？

［審査員のコメント］　カモメがいい演技（?）してくれてます。グッド・ジョブです。

ポスター部門　一般の部　入賞作品

素晴らしい松並木が
見られる鼓ヶ浦の
海岸ですが、
今日は私の美脚と海を
お楽しみください。

@三重県鈴鹿市

三重県（鈴鹿市　鼓ヶ浦）

砂山 海子
Sunayama Umiko

私の海 ☆ 三重県

[制作者のコメント]　毎年行くお気に入りの海岸。良い思い出も良くない思い出も満載です。

[審査員のコメント]　「松並木が売りなのに、松並木は写ってないんかい」とツッコミました。

pr·ce·less b·wako night view

琵琶湖

滋賀県（琵琶湖）

壷内 尚紀 （金沢科学技術大学校）
Tsubouchi Naoki

私の海 ☆ 滋賀県

［制作者のコメント］　友達と琵琶湖越しから見える夜景を見てまったりchillしてた。

［審査員のコメント］　夜の琵琶湖って、思っていた以上にすてきな感じ。

不要不急の意味を
波に聞いてみた

たんごゆら浜

京都府（宮津市　丹後由良海水浴場）

さぬきのあーすけ
Sanukinoasuke

私の海 ★ 京都府

［制作者のコメント］　命を育む地球の営みに不要不急など存在しないはず。絶え間ない波の動きに意味を問うたら海は何と答えるだろう…
　　　　　　　　　　与えられている命に感謝しかない。

［審査員のコメント］　自然がつくった美しい砂浜の造形に、ただただ見とれてしまいました。

日本でいちばん
海に近い暮らし
体験してみませんか？

※家からの眺めです。

海の京都
伊根町

京都府（与謝郡　伊根町）
海と日本 PROJECT 京都エリア賞

鍵 栄二 （滋賀大学）
Kagi Eiji

私の海 ☆ 京都府

[制作者のコメント]　自宅の浜で日向ぼっこをしていたら、いつの間にか親にその姿を撮られていました。海と接する家でこんな日常を送っている私、まさしく「日本で一番海に近い暮らし」をしているなぁと感じた瞬間です。

[審査員のコメント]　こんなところでひなたぼっこできるの?! いいなぁ、伊根に住むのあこがれるなぁ。

ええやん淡路

兵庫県（南あわじ市　阿万海水浴場）

髙橋　秀治 （山神山人）
Takahashi Shuji

私の海 ☆ 兵庫県

［制作者のコメント］　海の日に友人夫婦と淡路に訪れました。二人にとっては初めての海だったのですが、こんなオシャレな絵が描いてありました。妻と友人の妻にここまで歩いてもらいましたが、長さと高さがあり、ここに辿り着くまでが大変でした。

［審査員のコメント］　こどもたちと堤防の魚の絵がかわいすぎる。

海を、渡る、人のために。

明石港東外港の夕焼けと灯台（兵庫県明石市）

兵庫県（明石市　明石港東外港）

山崎 秀志
Yamazaki Hideshi

私の海 ☆ 兵庫県

[制作者のコメント]　日没へと空の色が刻々と変わっていく中、やがてひとつの強い光とともに灯台のシルエットがくっきりと。その姿は頼もしく、カッコよく。日本に数多ある灯台もまた、守り続けたい海の風景なのだと思いました。

[審査員のコメント]　なんとも言えない色の夕焼け。かっこいい。

ほんとに白くて、キレイで…。

南紀白浜

和歌山県（西牟婁郡　南紀白浜）

福井 隆
Fukui Takashi

私の海 ★ 和歌山県

[制作者のコメント]　真っ白の表現に、白の比率をどのくらいにするか苦労しました。ほぼ真っ白で「南紀白浜」の4文字が小さく入っている
　　　　　　　　　　だけのものや、色々と入れすぎて真っ白が表現できていないものなど。最終的に応募作品になりました。

[審査員のコメント]　近畿地方のビーチリゾートの筆頭が南紀白浜。この前行きましたが、いや、本当に白かったですよ。

いつまでも 感じていたい この海を

鳥取県 浦富海岸

鳥取県(岩美郡岩美町　浦富海水浴場)
海と日本 PROJECT 鳥取エリア賞

大谷 麻子
Otani Asayo

私の海 ☆ 鳥取県

[制作者のコメント]　鳥取県岩美郡岩美町の美しい海に惚れ、移住した作者のもとを友人が訪ねてくれました。気持ちよさそうに過ごしている友人を撮影、自分の気持ちを写真に載せて応募いたしました。多くの方がこの海と出会えますように!

[審査員のコメント]　海もすてきですが、写っている雲もすごいですね。

距離を たもって
キレイな海を たもって

浜田国府海岸

島根県(浜田市　浜田国府海岸)

杉本 惠
Sugimoto Megumi

私の海 ☆ 島根県

[制作者のコメント]　今は、距離をたもって。これからも、綺麗な海をたもって。一日でも早いコロナの収束を願い、みんなで楽しくこの素敵な海でフラを踊りたい気持ちを表現しました。

[審査員のコメント]　フラは元々ソーシャルディスタンスだったんだ。時代を先んじていましたね。

イタリアでなくても

ここにもあるよ

石見海浜公園　赤鼻

島根県（浜田市　石見海浜公園）
海と日本 PROJECT 島根エリア賞

稲元 正敏
Inamoto Masatoshi

私の海 ☆ 島根県

［制作者のコメント］　　—

［審査員のコメント］　　碧の洞窟には行ったことないけど、SUPで行ける石見の赤鼻の方がおもしろそうだ。

玉野と夏の海

岡山県（玉野市　渋川海岸）

宮内 蕉子
Miyauchi Shoko

私の海 ☆ 岡山県

［制作者のコメント］　地元である渋川には、毎年夏は必ず遊びにいきます！今年は海開きがないことがとても寂しくて、去年海で遊んだ日に撮った写真を選びました。またあの海で泳げることを楽しみに、今年は海岸を散歩するだけで我慢です。

［審査員のコメント］　映画「地獄の黙示録」で主人公が泥の川から顔を出すシーンを思い出してしまった（関係ない感想ですみません）

海の水、
全部抜いたら
何見える？

広島県廿日市市宮島町

広島県（廿日市市　宮島町）

中島 真紀子
Nakashima Makiko

私の海 ☆ 広島県

［制作者のコメント］　普段は海の中に立っている、厳島神社（宮島）の鳥居です。ちょうど引き潮のときに訪問しました。海の栓を抜いてしまったかのような光景は、まるで何か宝探しをしているみたいでおもしろく、思わず写真におさめました。

［審査員のコメント］　引き潮だと、こんなに鳥居に近づけるんですね。知らなかった。

母なる海は見守り育み続ける

虹ケ浜

山口県（光市　虹ヶ浜海水浴場）

樋口 琢哉
Higuchi Takuya

私の海 ☆ 山口県

[制作者のコメント]　きれいな砂浜で人気の虹ヶ浜海水浴場。そこでは定期的に、シャボン玉おじさんによるフリーシャボン玉イベントが開催されています。いまや毎回多くの人が訪れる人気イベント。この日も真冬の海水浴場という閑散としていてもおかしくない状況にもかかわらず、たくさんの子供たちを中心にイベントは大盛況でした。大きな海が、そんな子供たちを母のように見守っているように見えました。

[審査員のコメント]　楽しそう。ビーチは最高のイベント会場ですよね。

この海に来て
沖の「小島」で楽しもう!!
（徳島県・牟岐町）

徳島県（海部郡　牟岐町）

居村 倫也
Imura Michiya

私の海 ☆ 徳島県

[制作者のコメント]　四国の南岸に位置する徳島県「牟岐町の海」は高知県と徳島県の県境にあります。その沖合いには小さな島が点在し、釣りの名所としても有名です。美しい海と取りまく景色は素晴らしく、観光客から「また来たい。ゆっくりしたいね」と絶賛されています。

[審査員のコメント]　写真よりもこの線画のイラストの方が町の雰囲気が伝わってきますね。

この**冷**たさは、
クセになる

ふんどし締めて心も締まる

香川県（多度津市　多度津港）

香川県立多度津高等学校 写真部
Photography Club of Tadotsu High School

私の海 ☆ 香川県

［制作者のコメント］　寒中水泳の様子です。神輿を海に入れる前の、少しオドロオドロしつつも勇ましい雰囲気を撮りました。いつもは船が
停泊する港に人が入る非日常感が楽しかったです。

［審査員のコメント］　ふんどしで寒中水泳！ 聞いただけで寒そうですが、おもしろそう。あ、いや、私は遠慮しておきますよ。

そしてぼく

香川県（三豊市　父母ヶ浜）

Beloved family
Beloved family

私の海 ⭐ 香川県

[制作者のコメント]　お彼岸のお墓参りに立ち寄った父母ヶ浜。車中ずっと不機嫌だった息子が嘘のよう。父母ヶ浜に魅了された最高の笑顔とありのままの姿。しっかりとカメラにおさめてくれた叔父。

[審査員のコメント]　父と母は父母ヶ浜で出会ったのでしょうか？

気分晴れやか春の海

絵画の世界観へドボン！

しまなみ海道　亀老山展望台

愛媛県（しまなみ海道　亀老山展望台）
海と日本PROJECT愛媛エリア賞

秋月 結衣（神戸女学院大学／東京女子大学特別聴講学生）
Akizuki Yui

私の海 ☆ 愛媛県

［制作者のコメント］　この場所は私が訪れたお気に入りの場所のひとつです。さわやかに晴れ渡る海の姿を伝えたくて、旅行中に撮影した
この写真を選びました。空も海も青い景色を「絵画の世界観」のように感じていただけたら嬉しいです。

［審査員のコメント］　すごい場所ですね。しまなみ海道、行かなくては。

海の安全を願う。

子のため、孫のため、次の時代のため。

高知県東洋町白浜海岸 左義長

小正月に行われる左義長は、

安心安全を願う伝統行事です。

海と生きる人たちの願い、届け。

高知県(安芸郡東洋町　白浜海岸)

栗林 卓矢
Kuribayashi Takuya

私の海 ☆ 高知県

[制作者のコメント]　漁業が盛んな高知県東洋町では左義長(どんと焼き)はビーチで行われます。子のため、孫のため、そして次の時代の
　　　　　　　　　ため海の安全を願わずにいられません。この海の安全をいつまでも守りたいです。

[審査員のコメント]　海の安全、私たちもそれがなによりの願いです。

福岡県（福岡市　玄界島各所）
海と日本PROJECT 福岡エリア賞

平田 善児（福岡市立玄界小学校）
Hirata Zenji

私の海 ☆ 福岡県

［制作者のコメント］　新しい友達や先生ともなかなか会えませんでしたが、Zoomのおかげで繋がることができました。本当に画期的な発明だと思います。敬意を評し、ポスターにしました。手書きQRコード、ほんとにリンクします。

［審査員のコメント］　まさかZoomをイラスト化してくるとは。アイデア賞ものです。

長崎県（壱岐市　少弐公園）

果実パパ
Kajitsupapa
私の海 ☆ 長崎県

［制作者のコメント］　壱岐のおじいちゃんの家に行った時、おじいちゃんが子供の頃に使っていた箱眼鏡があり、それを使って海の中を一生懸命覗いていました。きれいに見える海の中が気に入ったようで、ずっと覗き込んで真剣な表情の娘です。

［審査員のコメント］　なにがいるの？　なにが見えるの？　気になるなぁ。

長崎県（出島）

奥村 朋之
Okumura Tomoyuki

私の海 ☆ 長崎県

［制作者のコメント］　今春病院に入院、医師・看護師等の誠心誠意な働きに感動。日本の医学がシーボルト伝で幕開け。私の手描きは時代考証や歴史、文化に熱く燃えて制作に集中した。コロナ自粛生活の中！

［審査員のコメント］　長崎の出島。侍と西洋人が入り交じる場所なんて、タイムスリップして行ってみたいです。

いって、見よう！

おこしき *Okoshiki Beach*

熊本県　宇土市

熊本県（宇土市　御輿来海岸）

下宇宿 和男・有薗 薫（ワースプランニング（有））
Shimousuki Kazuo, Arizono Kaoru

私の海 ☆ 熊本県

［制作者のコメント］　御輿来海岸から普賢岳へ沈む夕陽を撮影。風と波による美しい干潟と夕陽が重なる砂の造形、金色に光って感動します。もう一度行ってみたい景勝地です。

［審査員のコメント］　御輿来海岸は有名な"映え"スポットなんですね。今度行きます！

大分県（大分市　田ノ浦ビーチ）

中原 光海・甲斐 心寧・山崎 悠華 （大分中学校）
Nakahara Minami, Kai Kokone, Yamasaki Haruka

私の海 ☆ 大分県

[制作者のコメント]　夏の夜空に打ち上がる花火を描きました。綺麗な海に反射している花火など細かいところまで再現しました。私たちの
絵で、コロナで中止になった花火大会や、夏休みに行けなかった海を思い出して楽しんで欲しいです。

[審査員のコメント]　花火がすごく上手く描けてて、思わず「たまやー!」と叫んでしまいそう。

つい真似したくなるこの「形」

大分県国東市国東町小原 お尻岩

大分県（国東市国東町　小原）
海と日本 PROJECT 大分エリア賞

長 小舞妃（大分県立鶴崎工業高等学校）
Osa Komaki

私の海 ☆ 大分県

［制作者のコメント］　この場所は、以前、両親が訪れたことがあったと聞いています。そこに「おしり岩」という看板を見つけたので、題名に擬えて父に同じポーズをとってもらいました。遠くの海も含め、全景を撮影し、構図も工夫しました。

［審査員のコメント］　お尻岩って、名前に引かれます。私も真似したい。

大分県（臼杵市　黒島海水浴場）

中野 重二
Nakano Juji

私の海 ☆ 大分県

［制作者のコメント］　2020年は三浦按針ことウィリアム・アダムスが黒島に到着して420年目の年。やった〜島に着いたという感じが、三浦
按針も到着した時にそう叫んだのかなとふと思ってこのキャッチコピーにしました。

［審査員のコメント］　三浦按針以上に達成感を感じられます。

青島ビーチ

宮崎県（宮崎市　青島ビーチ）

Botchy-Botchy
Botchy-Botchy

私の海 ☆ 宮崎県

［制作者のコメント］　ポップで楽しい感じ！

［審査員のコメント］　コロナ渦終わったら、ぜひサーフィンへ。

秘密の思い出ができる海

宮崎県日南市（伊比井海岸）

宮崎県（日南市　伊比井海岸）

新地 昭彦
Shinchi Akihiko

私の海 ☆ 宮崎県

［制作者のコメント］　　夏の終わりの夕暮れ。誰もいなくなった海で、少女たちが秘密めいた会話をしている様子をそっと撮影しました。皆さんも宮崎の海に秘密の思い出づくりに来てください。

［審査員のコメント］　　女の子はこそこそ話が好きだよね。気になるけど、聞き耳立てたりせずに、そっとしておこう。

鹿児島県（奄美市　あやまる岬観光公園）

西川 恵美
Nishikawa Emi

私の海 ☆ 鹿児島県

[制作者のコメント]　子どもたちが初めて母の田舎、奄美大島へ。海を満喫し、娘は綺麗な海に感動し、白い珊瑚が死んでいることにショックを受け、綺麗な海を残したい！と、海洋プラスチック問題や環境問題に取り組むことになった原点の海。

[審査員のコメント]　きれいな海は、人の意識を変えるんですね。

鹿児島県（大島郡　与論島）

池田 香菜 （NPO法人 海の再生ネットワークよろん）
Ikeda Kana

私の海 ☆ 鹿児島県

［制作者のコメント］　ダイバーとして、海の中を表現したかったです。海の中の無重量感、ふわっと海の中で浮く感じ、上を向いた時の心地
　　　　　　　　　　　よさが伝わればと思いました。

［審査員のコメント］　純粋に楽しそう。海が遊び場なんて、すばらしい環境ですね。

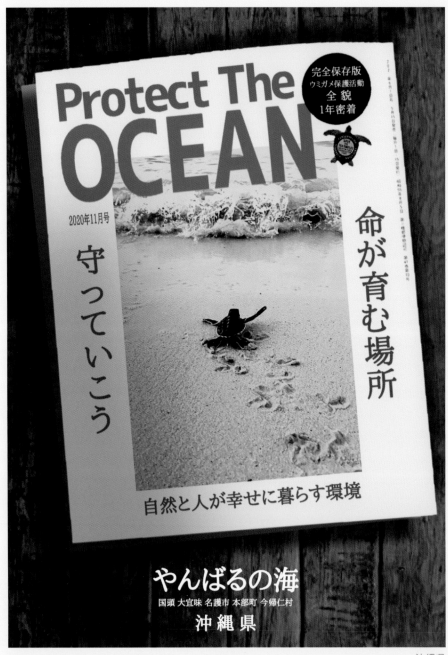

沖縄県

直緒次郎
Naojiro

私の海 ☆ 沖縄県

[制作者のコメント]　やんばるの海（沖縄県北部）は、天然記念物や絶滅危惧種の生き物が生息する豊かな海です。私たちも自然の一部として、自然と人とが幸せに暮らす環境を守っていきましょう！

[審査員のコメント]　人と自然が幸せに暮らせる環境って、きっとつくれると思います。

沖縄県（中頭郡北谷町　アラハビーチ）

仲村 咲乃（専修学校インターナショナルデザインアカデミー）
Nakamura Sakino

私の海 ☆ 沖縄県

［制作者のコメント］　去年の5月頃、同じ部活の友達と、放課後に海に行った時の写真です。テスト明けということもあり、解放感でいっぱいの友達の髪が広がった瞬間が綺麗で撮りました。高校生時代の大切な思い出の場所です。

［審査員のコメント］　勉強より大切なことってあるよ。でも勉強も大切だけど。

今夜だけは、
僕らだけの。

新原ビーチ（沖縄県）

沖縄県（南城市　新原ビーチ）

大髙 竜哉（専修学校インターナショナルデザインアカデミー）
Otaka Ryuya

私の海 ☆ 沖縄県

［制作者のコメント］　友人と新原ビーチに訪れた際に撮影した1枚。 海が写っていなくてもどこか海を感じるような。夕暮れ時のもの寂しさ
　　　　　　　　　　 やぬるいけど気持ち良い風、大人の落ち着いた雰囲気などをこの写真に収めることができた気がします。

［審査員のコメント］　新原ビーチに行けば、誰でもドラマの主人公になれるみたい。

今日もこの島は平和だな

久米島　島尻

沖縄県（島尻郡　久米島）

吉永 汐里（沖縄県立久米島高等学校）
Yoshinaga Shiori

私の海 ☆ 沖縄県

［制作者のコメント］　これは、久米島の島尻で撮影した写真です。久米島の青く美しい海を一歳になる妹が眺めている姿が可愛いなと思い、カメラに収めました。この海に訪れれば、思わず写真を撮りたくなるような景色に出会えるでしょう！

［審査員のコメント］　平和ですか？ それは何よりです。

食べられないよ！！！！！！！！

海ぶどうに見えるけど
久米島のウミウシ

沖縄県（島尻郡　久米島）

古堅 隆誠 （沖縄県立久米島高等学校）
Furugen Ryusei

私の海 ☆ 沖縄県

[制作者のコメント]　真ん中に写っているモノはウミウシの一種らしいです。擬態で海ぶどうのような鱗を背負っています。食べられません。

[審査員のコメント]　こんなウミウシがいるなんて、知らなかった！

ポスター部門こどもの部
入賞者一覧 （敬称略）

岩岡 愛磨
佐藤 咲希
柴田 千春
秋山 歩澄
二俣 和瑚
横尾 海
根津 琴子
森 悠晴
三村 映徳
小谷 紗世
中村 心優子
井上 愛結
福田 旺志郎
山口 拓真
松本 風音
地福 夏葵
つー
阿利 優月

ポスター部門
こどもの部 入賞

北海道
海と日本 PROJECT 北海道エリア賞

岩岡 愛磨 （札幌市立福井野小学校）
Iwaoka Aima

私の海 ☆ 北海道

[制作者のコメント]　筆の使い方で、お魚さんの形や色を塗るのがうまくいかなくて苦労しましたが、深い海から水面・お魚さんの表情が描けたのでみてください。

[審査員のコメント]　きたのうみはたのしそうだね。

岩手県(大船渡市　碁石海岸)

佐藤 咲希
Sato Saki

私の海 ☆ 岩手県

[制作者のコメント]　碁石海岸までドライブに行きました。砂ではなく丸くてスベスベの石の浜が気持ちよかったので、皆にさわってみてほしいです。太平洋はとても広くて、丸くなっているのがわかったよ! 来年は泳ぎに行きたいです。

[審査員のコメント]　碁石が丸くて、地球が丸くて、こころも丸くなりました。

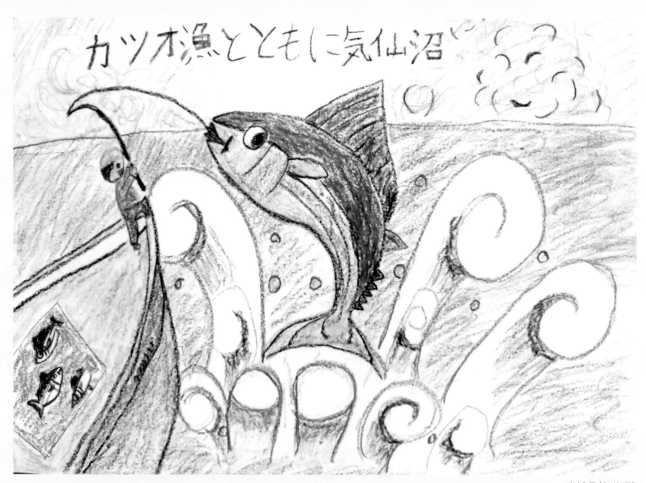

宮城県（気仙沼）
海と日本PROJECT 宮城エリア賞

柴田 千春（仙台市立将監小学校）
Shibata Chiharu

私の海 ☆ 宮城県

［制作者のコメント］　口の中で跳ねるぐらい美味しかった、気仙沼のカツオを表現したかった。波を表現するのが大変難しかったです。

［審査員のコメント］　気仙沼ってかつおの水揚げ日本一なんだってね。知らなかった。

栃木県（那珂川）
海と日本PROJECT栃木エリア賞

秋山 歩澄
Akiyama Hozumi

私の海 ☆ 栃木県

[制作者のコメント]　時間がない中、イベントで学んだことを表現した。

[審査員のコメント]　川はみんな海に繋がっているよね。

埼玉県（蓮田市）
海と日本PROJECT 埼玉エリア賞

二俣 和瑚
Futamata Wako

私の海 ☆ 埼玉県

［制作者のコメント］　苦労したことはなく、好きな海と地元を想って楽しく描きました。

［審査員のコメント］　海が好きなんだという気持ちがヒシヒシと伝わってきます。

東京都（東京湾）
海と日本 PROJECT 東京エリア賞

横尾 海 （墨田区立横川小学校）
Yokoo Kai

私の海 ☆ 東京都

[制作者のコメント]　ぼくのすきな隅田川とつながっている東京湾の海の中をのぞいてみた。こんなにたくさんの生き物が楽しくすごしていたらいいな！

[審査員のコメント]　生き物が密な海はうれしいね。

山梨県
海と日本 PROJECT 山梨エリア賞

根津 琴子（駿台甲府小学校）
Nezu Kotoko

私の海 ☆ 山梨県

［制作者のコメント］ アワビのぷりぷりした食感と、しょうゆのしみこんだ美味しさをどう表現するか苦労しました。海がないからこそ味わえ
る山梨の名産を楽しくアピールできたかなと思います。

［審査員のコメント］ 山梨はあわびの煮貝が名産だそうです。

岐阜県
海と日本PROJECT 岐阜エリア賞

森 悠晴
Mori Yusei

私の海 ☆ 岐阜県

[制作者のコメント] 　山、川、海が「つながっている」ことを学んだので、大切にしたくて赤色で文字を書きました。制限時間内で思い通りに
　　　　　　　　　　仕上げることに苦労したけれど、入賞できてうれしいです。

[審査員のコメント] 　岐阜の川も、もちろん海に繋がっていますよ。

三重県（熊野市　新鹿海水浴場）

三村 映徳
Mimura Eitoku

私の海 ☆ 三重県

［制作者のコメント］　サンゴショウとジンベイザメの点々の水加減が難しかったです。海の色に緑や黄緑を混ぜているところが気に入っています。マグロの群れが覗いているところや、岩の色を水でにじませて虹みたいにしました。

［審査員のコメント］　水中メガネで見た海の中は、すてきな世界だったのですね。

広島県（廿日市市　宮島水族館）

小谷 紗世
Kotani Sayo

私の海 ☆ 広島県

[制作者のコメント]　アシカが元気よく泳いでいる姿に私がみとれていると、何度かアシカの水しぶきを浴びました。その水しぶきはとても気持ち良く、最高だと感じました。一番心に残っている場面なので、絵で表現しました。

[審査員のコメント]　水しぶきを浴びて、本当に楽しそう。

山口県（下関市　角島）

中村 心優子（下関市立向井小学校）
Nakamura Miyuko

私の海 ☆ 山口県

[制作者のコメント]　　角島の海のコバルトブルーの色を表現するのに苦労しました。色を混ぜて調整して塗るのが大変でした。

[審査員のコメント]　　生き物がたくさんいるエメラルドグリーンの海、すてきすぎます。

福岡県(福岡市　玄界島)

井上 愛結（福岡市立玄界小学校）
Inoue Miyu

私の海 ☆ 福岡県

［制作者のコメント］　玄界小学校は島の坂をのぼった高台にあります。教室の窓を開けると、目の前には海が広がっています。また、1年を
　　　　　　　　　　通してとてもあたたかい島です。そのあたたかい感じを伝えたくて夕焼けにしました。

［審査員のコメント］　教室からイルカたちが見られるなんて、すばらしい環境ですね。

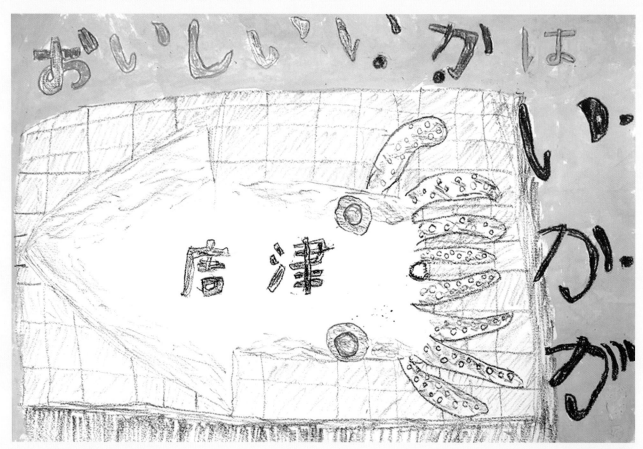

福田 旺志郎（佐賀市立若楠小学校）
Fukuda Oshiro

私の海 ☆ 佐賀県

［制作者のコメント］　唐津の海で自分達が釣ったイカを焼いて食べた時、最高に美味しかったので、この美味しさを伝えたいと思いながら
描きました。活きがいいところを表現するために目の部分をキラキラさせました。活きがいい『イカはいかが？』

［審査員のコメント］　おいしいいかをいかが、なんて、いかすぅ！

長崎県（五島）

山口 拓真（長崎大学教育学部附属小学校）
Yamaguchi Takuma

私の海 ☆ 長崎県

［制作者のコメント］　僕が五島で体験した楽しさが、他の人にも伝わるといいなと思ったから。

［審査員のコメント］　カヤックで島の間をぬって行く。楽しそう！

宮崎県

松本 風音 （宮崎市立田野小学校）
Matsumoto Kazane

私の海 ☆ 宮崎県

［制作者のコメント］　波の色使いをカラフルにして、宮崎の朝の海や、夜の海を表現した。波の迫力に負けないように、文字を切り絵にした。

［審査員のコメント］　海の多様で、複雑な感じがよく描けていますね。

鹿児島県（錦江湾）

地福 夏葵
Jifuku Natsuki

私の海 ☆ 鹿児島県

［制作者のコメント］　ばあばが住んでいる大好きな鹿児島の海を描きました。ジンベイザメは大きくてびっくりしたので大きく描きました。
カクレクマノミの折り紙を小さくちぎって貼るのを頑張りました。

［審査員のコメント］　ジンベイザメの迫力に、びっくりしました。

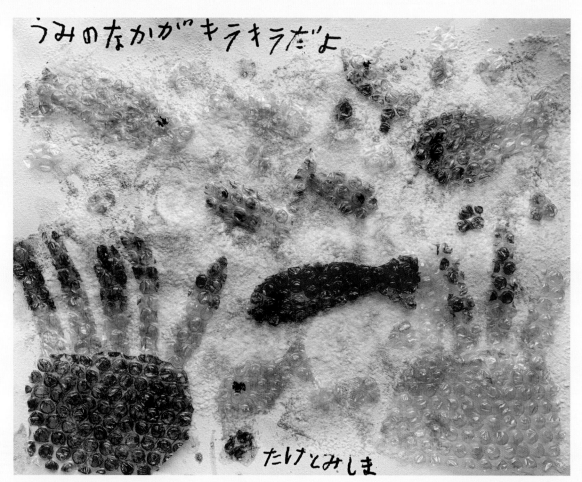

沖縄県（八重山郡　竹富島）

つー
Tsu

私の海 ☆ 沖縄県

［制作者のコメント］　　初めて竹富島に行き、グラスボートに乗りました！ その時見た海の中がとてもキラキラしていてキレイでした！ プチプチ
　　　　　　　　　　　　をつかって、そのキラキラを表現しました。

［審査員のコメント］　　プチプチで描いたキラキラした海。すてき。

沖縄県（波照間島　ニシ浜）

阿利 優月（竹富町立波照間小学校）
Ari Yuzuki

私の海 ★ 沖縄県

[制作者のコメント]　　迫力あるような絵にしたかったので、竿や魚をできるだけ大きく描きました。また色塗りでは、魚の写真をよく観察して、ひとつひとつ丁寧に色を重ねることを心がけました。なので、魚たちの色合いがアピールポイントです。

[審査員のコメント]　　迫力満点。波照間島にぜひ行ってみたいと思いました。

ポスター部門 インスタの部
入賞者一覧 （敬称略）

ななみ
阪本 ひかる
yasucamcam
歌人
森川 清美
Botchy-Botchy
なこ
hinanchu9696

ポスター部門
インスタの部　入賞

愛知県（蒲郡市　西浦パームビーチ）

ななみ
Nanami

私の海 ☆ 愛知県

[制作者のコメント]　生まれて初めて海水浴に行きました！ プールや砂場遊びは大好きなのはわかっていましたが、想像以上にテンションあげあげでした。海の楽しさに気づいてもらえたかな？ また来年も行こうね！

[審査員のコメント]　うっひゃ～！ めちゃくちゃ楽しいね♡

滋賀県（琵琶湖）
海と日本 PROJECT 滋賀エリア賞

阪本 ひかる
Sakamoto Hikaru

私の海 ☆ 滋賀県

[制作者のコメント]　しょっぱくない、目に入っても痛くない、小さな娘の水遊びデビューには琵琶湖がぴったりでした！

[審査員のコメント]　琵琶湖、楽しいんだね。また、来てね。

京都府（与謝郡　伊根町）

yasucamcam
yasucamcam

私の海 ☆ 京都府

[制作者のコメント]　歴史ある伊根町の船宿に立ち寄った際、あまりにも美味しそうな干物を発見し、思わず『干物は上物』なるコメントが浮かんだ次第です。船宿から見える穏やかな海と干物のコントラストを意識しながら撮影しました。

[審査員のコメント]　日本の原風景ですね。

大阪府（大阪港）

歌人
Utabito

私の海 ☆ 大阪府

[制作者のコメント]　この日は大阪港に帆船が入港するとのことで、撮影に行った時の1枚です。お昼前に帆船は入港したのですが、夕景として撮影したかったので待機していたところ、釣り人の方が来られ撮らせていただきました。

[審査員のコメント]　シルエットのおじさま2人、絵になってます。

兵庫県（赤穂市　キラキラ坂）

森川 清美
Morikawa Kiyomi

私の海 ☆ 兵庫県

[制作者のコメント]　海辺への坂道。雰囲気のある鯨の風見鶏があるカフェ。淡い色の石畳。坂道を下るとそこに素敵なドラマが始まるよう。白昼夢のまどろみの中にいるような雰囲気を出してみました。

[審査員のコメント]　透明感のあるきれいな町並み。坂の先には瀬戸内海が見えていますね。

高知県（安芸郡　生見サーフィンビーチ）

Botchy-Botchy
Botchy-Botchy

私の海 ☆ 高知県

[制作者のコメント]　アニメーションなので、シナリオはちょっと苦労しました。

[審査員のコメント]　サーフィン楽しいっす。

沖縄県（国頭郡　備瀬崎）
海と日本PROJECT 沖縄エリア賞

なこ
Nako

私の海 ☆ 沖縄県

［制作者のコメント］　沖縄の海を初めて見た息子達。子供ながらに海の青と空の青が繋がっていると感じたようで、その子供達の感動をそのままかかせてもらいました。

［審査員のコメント］　いろいろなものを見て、いろいろ感じて、大きくなってね。

沖縄県（島尻郡　座間味島）

hinanchu9696
Hina

私の海 ☆ 沖縄県

［制作者のコメント］　座間味島の透き通った海にカメが暮らしているという自然の豊かさを物語っている1枚。太陽のシャワーを浴びながらこの青に包まれて共に散歩できるのは、日本でも数少ないこの環境がある座間味島ならではだと思います！

［審査員のコメント］　ウミガメと海中散歩だなんて、贅沢すぎます。

ポスター部門 Zoom背景の部
入賞者一覧 （敬称略）

阪口 あき子
中吉 剛彦
小田 小之
久保 拓斗
大屋 純一
金子 総一郎
渡邉 香奈
高橋 芽衣

ポスター部門
Zoom背景の部　入賞

北海道（函館市）

阪口 あき子 （はこだて海の教室実行委員会）
Sakaguchi Akiko

私の海 ☆ 北海道

［制作者のコメント］　この景色は函館山から撮影したものです（右手は
津軽海峡、左手は函館港）。もともと砂州だったエリアを江戸時代、北前船の商人や幕府が埋立工事を行って現在の街並みになりました。函館市民が誇る「海の絶景」です。

［審査員のコメント］　函館山からの景観は日本三大夜景と言われていますが、昼も美しいですね。

千葉県（九十九里浜）

中吉 剛彦
Nakayoshi Takehiko

私の海 ☆ 千葉県

［制作者のコメント］　九十九里浜とビーチタワーです。狙ったわけではありませんが、偶然月が昇ってきて空に出ている雲の流れも速かったので、長めのシャッタースピードでダイナミック感を演出しました。

［審査員のコメント］　こんな表情もする九十九里浜。今度夜に遊びに行ってみます。

新潟県（佐渡市　北小浦）

小田 小之 　（株式会社サンビデオ映像）
Oda Koyuki

私の海 ☆ 新潟県

［制作者のコメント］　覗いて見ないと分からない、新潟の海の活気と魅力。海底に広がる白い砂浜と光が差し込む透明感、手に取れるような人懐っこい魚たちが楽しませてくれます。この景色をずっと見続けられるように。

［審査員のコメント］　お魚たくさん。楽しい。うれしい。ぐるぐる。ぐるぐる。

富山県（高岡市　雨晴海岸）

久保 拓斗（金沢科学技術大学校）
Kubo Hiroto

私の海 ☆ 富山県

[制作者のコメント]　夏休みに海へ行った時の写真です。彼女が海を眺めていたので後ろから「パシャリ!!」と撮った写真。後ろから見る彼女はとても美しく綺麗でした。また来年も一緒に来たいと思いました。

[審査員のコメント]　みんなで行く海も楽しいけど、誰もいない海もすてきですよね。

島根県（浜田市　浜田漁港）

大屋 純一
Oya Junichi

私の海 ☆ 島根県

[制作者のコメント]　浜田漁港は全国でも有数の漁港である。近年はどんちっち三魚という「のどぐろ、かれい、あじ」をブランド魚として売り出している。 自然豊かな浜田への関心を高めてもらいたいとこのメッセージを選んだ。

[審査員のコメント]　田舎暮らしを考えている人、ぜひ浜田での漁師生活も候補に入れてください。

香川県（高松市　サンポート高松）

金子 総一郎
Kaneko Soichiro

私の海 ☆ 香川県

[制作者のコメント]　宇野港から高松へのフェリーの甲板から撮影しました。航路が廃線になり、二度とこの角度から見られません。

[審査員のコメント]　夜の瀬戸内海もロマンチックですね。

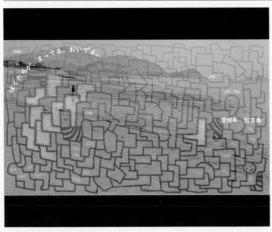

愛媛県(今治市　伯方島)

渡邉 香奈
Watanabe Kana

私の海 ☆ 愛媛県

[制作者のコメント]　「伯方の塩」で有名な伯方島。塩の製造見学も、塩ソフトクリームもおいしかったけれど、海もおだやかで親しみ深かったです。海の仲間が隠れている感じです。

[審査員のコメント]　塩で有名な伯方島、楽しそうですね。塩ソフトクリームも食べてみたい。

沖縄県(島尻郡　久米島)

高橋 芽衣（沖縄県立久米島高等学校）
Takahashi Mei

私の海 ☆ 沖縄県

[制作者のコメント]　会議やおしゃべりに疲れたときに、すこし休憩したいと思ったらこの背景の出番です。すきなだけ、砂浜で寝ころびましょう!

[審査員のコメント]　砂浜でお昼寝なんて、贅沢だ。心地よすぎて、寝過ごしてしまいそう。

ポストカード部門一般の部
入賞者一覧 （敬称略）

伊藤 久美子
伊藤 響子
佐藤 寧々
木村 りょうこ
平川 理恵
麻丘 奈央
柘植 胡桃
北川 由美子
須藤 彩
出口 真紀子
三柴 保
Yanosun
竹村 雛姫
勝木 誠
二宮 絵里奈
長谷川 舞紅
藤後 智明

ポストカード部門
一般の部 入賞

岩手県（三陸）
海と日本 PROJECT 岩手エリア賞

伊藤 久美子
Ito Kumiko

私の海 ☆ 岩手県

[制作者のコメント]　海水浴の帰りに食べた磯ラーメンがとても美味しくて、忘れられない味です。色々な海藻類、大きなホタテ、私の大好きな蟹や海老まで載っています。この一杯で三陸の海を丸ごと食べているような贅沢ラーメンです！

[審査員のコメント]　岩手の大槌町が発祥と言われる磯ラーメン。魚介が入って、おいしいに決まってる！

秋田県

伊藤 響子
Ito Kyoko

私の海 ☆ 秋田県

［制作者のコメント］　秋田県、ハタハタ。今は昔のようにとれませんが、今も産卵し、生きています。2020年、私たちの生きる世界は大きく揺れました。生まれる命、生きる中で出会う場所、たくさんの想いとともに生きています。

［審査員のコメント］　ハタハタといえばしょっつる鍋！あ、お腹空いてきた…。

feel refreshed in Nezugaseki
鼠ヶ関で浄化。

佐藤 寧々 （山形県立鶴岡南高等学校山添校）
Sato Nene

私の海 ☆ 山形県

［制作者のコメント］　　初めてうみぽすに応募させていただきました。源義経ゆかりの地といわれている鼠ヶ関。季節によって違った海の幸を味わえる素敵な観光名所です。あなたの瞳、鼠ヶ関色に染まれ！

［審査員のコメント］　　鼠ヶ関！ 実はイカまつりに行きたいと思っているのですが、まだ行けてません。

千葉県（館山市）

木村 りょうこ
Kimura Ryoko

私の海 ☆ 千葉県

［制作者のコメント］　世界中誰にとっても特別な年、2020年を表現したかった。館山は昨年、台風被害にあい、数々のお祭り等中止の折、今夏の花火大会を楽しみにしていたのにそれも中止。来年こそはと、希望を月光に託しました。

［審査員のコメント］　2020年は各地で花火大会も中止でしたね。でも花火のない夜空もなかなかすてき。

楽しい8
美味しい!
遊ぼう!

トレジャー
アイランド
江ノ島

神奈川県（藤沢市　江ノ島）
海と日本PROJECT 神奈川エリア賞

平川 理恵
Hirakawa Rie

私の海 ☆ 神奈川県

［制作者のコメント］　久しぶりに灯台から眺めた海はキラキラと綺麗で感激しました。周りを見ると楽しみが沢山あり、ワクワクしてしまう江ノ島という宝箱。行った時のことを思い出して描いていたら、このような作品に仕上がりました。

［審査員のコメント］　江の島は、都心に近くて、海があって、おいしいものがあって、水族館もあって、まさにトレジャーアイランド。

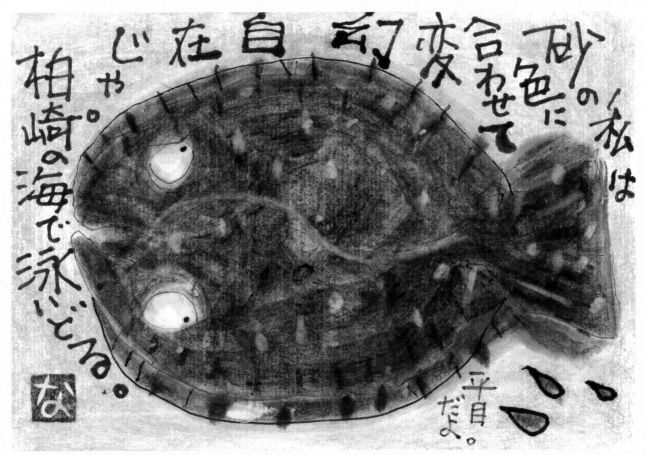

新潟県（柏崎市）
海と日本PROJECT 新潟エリア賞

麻丘 奈央
Asaoka Nao

私の海 ☆ 新潟県

[制作者のコメント]　一発勝負！楽しく、楽しく描けました。平目のキャラクターに魅かれています。海なし県（さいたま）で育ったので、義弟の実家にお邪魔し、幼かった甥や姪たちと海に入った想い出が海のイメージと繋がります。

[審査員のコメント]　へぎそばも鯛茶漬けもいいけど、ヒラメも魅力的。

す、すごいぞ鯛まつり

愛知県/豊浜港

愛知県（知多郡　豊浜漁港）

柘植 胡桃
Tsuge Kurumi

私の海 ☆ 愛知県

[制作者のコメント]　愛知県の豊浜で鯛まつりを見ました。竹と木で骨組みを作り、紙や布を貼った全体に赤鯛や黒鯛を描いています。それらがぶつかり合い、われ先に神の元へ。

[審査員のコメント]　鯛まつりおもしろそうですね。ぜひ観に行かねば。

この夏はじめて海を見ました

鈴鹿市鼓ヶ浦海水浴場にて

海はひろいなぁ

三重県（鈴鹿市　鼓ヶ浦海水浴場）
海と日本PROJECT 三重エリア賞

北川 由美子
Kitagawa Yumiko
私の海 ☆ 三重県

［制作者のコメント］　この夏はじめて孫を海に連れて行きました。まず海の広さにびっくり。よせては返す波が面白くてずっと追いかけっこしていました。ママへのお土産は貝殻です。近くにきれいな海があると本当に幸せですね。

［審査員のコメント］　こんなに海に夢中になってくれるなんて、本当にうれしい。

大阪府（大阪湾）
海と日本 PROJECT 大阪エリア賞

須藤 彩
Sudo Aya

私の海 ☆ 大阪府

［制作者のコメント］　大阪湾で飛び跳ねている姿をよく見かけるボラ。皆「汚い、臭い」と食べません。でもボラをいただく機会があり、美味
しさにびっくり。今は水質も改善され、汚くも臭くもないのです。ボラは美味しいで！と広く伝えたいです。

［審査員のコメント］　食わず嫌いはいけません。ボラ、おいしいですよ。私も保証します。

日本のウユニ

出雲

島根県（出雲市　見晴らしの丘公園）

出口 真紀子
Deguchi Makiko

私の海 ☆ 島根県

［制作者のコメント］　家族旅行で、宿泊先からすぐ前の海岸へ散歩に出掛けた時の写真です。早朝の澄んだ空気と波打ち際の景色が混ざって、とても気持ちのいい場所。大切な思い出です。

［審査員のコメント］　日本でもウユニのような体験ができるなんて、すてきすぎます。

旨さはじけるけど
一緒に殻もはじける
そんな日生の
プリプリ牡蠣を
食べにおいでんせぇ

岡山県（備前市　日生町）
海と日本PROJECT 岡山エリア賞

三柴 保（art gallery　青の森）
Mishiba Tamotsu

私の海 ☆ 岡山県

[制作者のコメント]　11月、牡蠣が解禁されると地元民や観光客が押し寄せる町、備前市日生。漁港近くでは、皆、焼き牡蠣に夢中になります。炭火で牡蠣の殻がはじけて服にも飛んだりしますが、美味しさと幸せな時間に包まれます。

[審査員のコメント]　牡蠣おいしそ〜。お酒を片手に、ぜひつまみたい！

わたしは 今日も ここに おる。

setouchi de kurasu.

香川県（高松市　サンポート高松）

Yanosun
Yanosun

私の海 ☆ 香川県

[制作者のコメント]　考え込み過ぎる私は、ここに来ると感じる海の風や匂い、景色により自然と頭の中が空っぽになります。今は離れた所にいるため、すぐに行けず悲しい想いが強いですが、その想いがあったからこそ描いた1枚になりました。

[審査員のコメント]　瀬戸内のおだやかな海。時間もゆったり進んでいくんですね。

長崎のイリコはうまかばい！

長崎県
海と日本PROJECT 長崎エリア賞

竹村 雛姫
Takemura Hinaki

私の海 ☆ 長崎県

［制作者のコメント］　長崎県のいりこの生産量は1位だと知り、いりこを描きました。猫も可愛く描けたので満足な作品になったと思います。

［審査員のコメント］　長崎のイリコを、食べたいばい！

熊本県（天草）
海と日本PROJECT 熊本エリア賞

勝木 誠（絵手紙クラブ・かりん）
Katsuki Makoto

私の海 ☆ 熊本県

［制作者のコメント］　熊本県の天草市はとても海が綺麗なところです。その天草の海で車エビが元気に泳いでるところを想像して描きました。海が綺麗な熊本県の中でも透明度の高い天草の海、皆さんにも一度見に来てほしいです。

［審査員のコメント］　天草行ったけど、車エビ食べてない。しまった。食べに行かないと‼

大分県

二宮 絵里奈
Ninomiya Erina

私の海 ☆ 大分県

［制作者のコメント］　ハガキは書くだけでなく刺繍することで、より相手に思いが伝わる手段だと思っています。この手法で見た方をまず何だろうと引き込ませて、覚えていただきたいと思い作りました。

［審査員のコメント］　おいしさだけでなく、大分の人たちのあたたかさも伝わってきます。

宮崎県
海と日本PROJECT 宮崎エリア賞

長谷川 舞紅（宮崎市立本郷中学校）
Hasegawa Maiku

私の海 ★ 宮崎県

［制作者のコメント］　宮崎県では毎年、伊勢海老祭りが開催されます。全国の皆さんに宮崎県の美味しい伊勢海老を食べてもらいたいです。

［審査員のコメント］　宮崎には伊勢海老まつりがあるそうで。また行く楽しみが増えた♡

鹿児島県（奄美大島）
海と日本PROJECT鹿児島エリア賞

藤後 智明
Togo Tomoaki

私の海 ☆ 鹿児島県

[制作者のコメント]　奄美大島の美しい海に家族で行きたい。あの美しい海を未来に繋げたい。その気持ちで描きました。

[審査員のコメント]　奄美大島の海は、豊かで、ほんとうにきれいですよね。

ポストカード部門 こどもの部
入賞者一覧 （敬称略）

山崎 六花
豊島 結
喜岡 歩
小川 結貴
茶谷 芽成
古谷 香乃
上村 慧
松岡 凛
相澤 菜々花
村松 陽依莉
山田 一馬
伊藤 凌
佐伯 もね
上野 唯良
本庄 唄野

ポストカード部門
こどもの部 入賞

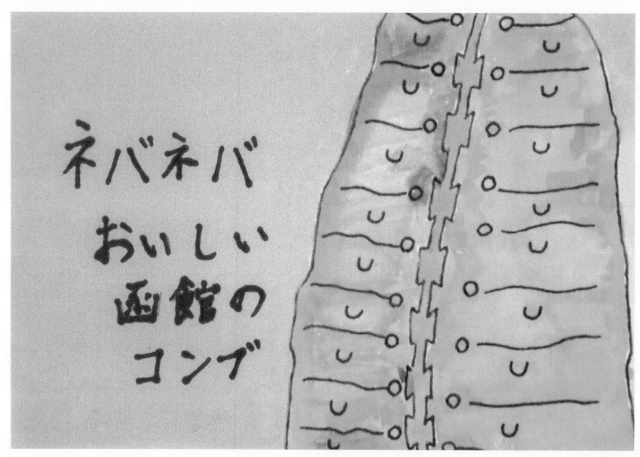

ネバネバ
おいしい
函館の
コンブ

北海道(函館市)

山崎 六花 （国立大学法人 北海道教育大学附属函館小学校）
Yamazaki Rikka

私の海 ☆ 北海道

［制作者のコメント］　苦労した点は、ガゴメコンブのもようを細かく描いたところです。アピールポイントは、ガゴメコンブを大きく描いたところです。

［審査員のコメント］　細かなところまでよく観察してる。コンブかなり好きなのね。

福島県（いわき市）
海と日本PROJECT 福島エリア賞

豊島 結（喜多方市立第一小学校）
Toyoshima Yu

私の海 ☆ 福島県

［制作者のコメント］　ふくしまけんのアクアマリンふくしまにうみがめさんがいたよ。おおきくてかわいかったよ。いわきのうみにきてね。うみが
　　　　　　　　　　めさんがおよいでるすがたや、うみのいろぬりがむずかしかったです。ゆう

［審査員のコメント］　水族館でうみがめを見たんだね。大きいよね。かわいいよね。ずっと見ていられるよね。

東京都(小笠原)

喜岡 歩 （名張市立美旗小学校）
Kioka Ayumu

私の海 ☆ 東京都

［制作者のコメント］　　水族館や近くの海では会うことができない大きいくじらを題材に、小笠原の海ならではの魅力をPRしようと思いました。
波のかたちや潮のふきあがったところを、動きが出るように工夫しがんばりました。

［審査員のコメント］　　ホエールウォッチングしたことあるけど、くじらって大きくってかっこいいよね。

神奈川県（久里浜）

小川 結貴
Ogawa Yuki

私の海 ☆ 神奈川県

［制作者のコメント］　海で、楽しそうにサーフィンをしていた人を思い出して描きました。私も、大きくなったらやってみたいです。

［審査員のコメント］　サーフィン楽しいよ。ぜひみんなも体験してみて。

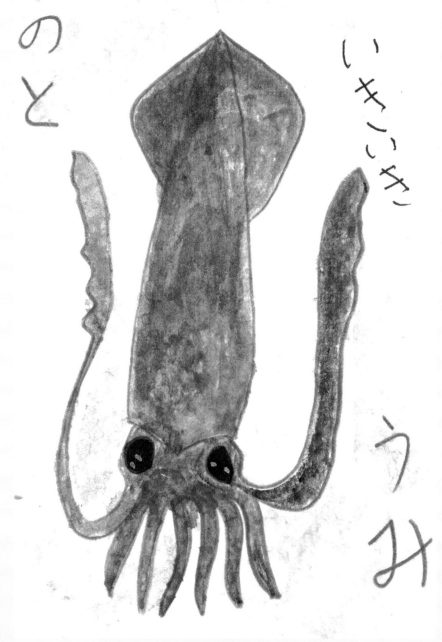

のと

いきいき

うみ

石川県（能登）

茶谷 芽成（中能登町立鳥屋小学校）
Chatani Meisei

私の海 ☆ 石川県

［制作者のコメント］　北陸の海には美味しいものがてんこ盛りなのでたくさんの人達に知ってもらいたいです。お母さんのアドバイスで、楽しく和紙に絵を描いたり色を塗れました。

［審査員のコメント］　イカは好物のひとつ。能登に行って、お腹いっぱい食べてみたい。

山梨県

古谷 香乃（駿台甲府小学校）
Furuya Kano

私の海 ☆ 山梨県

[制作者のコメント]　色ぬりに苦労しました。線からはみでないようにクーピーでていねいにぬりました。山梨を目立たせるため、富士五湖や
　　　　　　　　　　富士山を描きました。富士山の形にこだわったのがアピールポイントです。

[審査員のコメント]　武田信玄公も食べたの?! 名産品だもんね。

三重県

上村　慧 （尾道市立土堂小学校）
Uemura Kei

私の海 ☆ 三重県

［制作者のコメント］　毎年夏休みに遊びに行く、国府白浜海岸。おじいちゃんにかにを掘ってもらい、お姉ちゃんと追いかける。今年はコロナで行けなくて残念だった。じいちゃんばあちゃんといつもの海に、早く会いたい。

［審査員のコメント］　朝早起きしてカニといっしょにラジオ体操だなんて、すばらしい一日になるよね。

つよくて
こわい

しろしゅもくざめ

ほうじろざめ

かすみ

兵庫県（豊岡市　香住海岸）
海と日本PROJECT 兵庫エリア賞

松岡 凛（豊岡市立五荘小学校）
Matsuoka Rin

私の海 ☆ 兵庫県

［制作者のコメント］　香住の海が大好きです！綺麗で魚も沢山泳いでいます。

［審査員のコメント］　サメやいろいろな魚が泳いでいる香住の海。想像しただけでワクワクします。

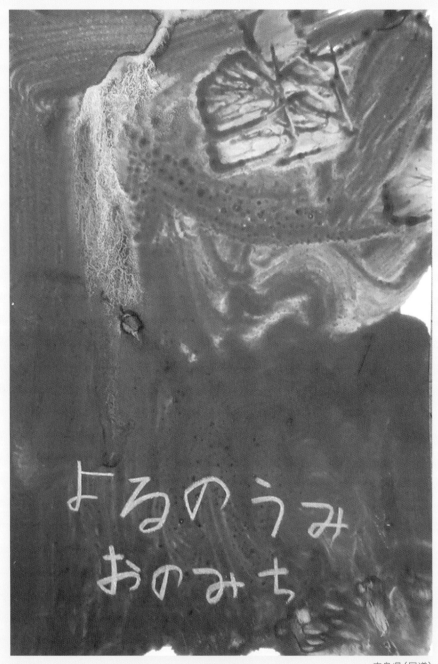

よるのうみ
おのみち

広島県（尾道）

相澤 菜々花（尾道市立土堂小学校）
Aizawa Nanaka

私の海 ☆ 広島県

［制作者のコメント］　綺麗な夜の海を一生懸命描きました。

［審査員のコメント］　夜の海の、ちょっと怖いところが上手に表現できていますね。

188

山口県（下関市　角島）
海と日本 PROJECT 山口エリア賞

村松 陽依莉
Muramatsu Hiyori

私の海 ☆ 山口県

［制作者のコメント］　今年の夏、角島の海に行ったときに、ハマユウが綺麗に咲いていたのが印象に残りました。

［審査員のコメント］　角島の天気よかったんですね。海も穏やかで。ほっこりしました。

いごこちいいな　せとないかい

香川県（瀬戸内海）

山田 一馬
Yamada Kazuma

私の海 ☆ 香川県

［制作者のコメント］　図鑑でタコを探し、頭から描き始め、顔、そして足を描きました。貝がらが少し難しかったです。ヒトデは輪郭を描くの
　　　　　　　　　　　が大変でした。背景の茶色は、海の底の土を表現しました。

［審査員のコメント］　海の底にいるタコ。ちゃんと擬態して、発見されにくくしているのがすごいね。

高知県
海と日本PROJECT 高知エリア賞

伊藤 凌
Ito Ryo

私の海 ☆ 高知県

［制作者のコメント］　こうちのおばあちゃんのいえに、はじめていったよ!! こうちのかしわじま、四まん十川、いいところたくさん! 大きなかつお、きれいなおさかな、ぬるぬるなまこ、たくさん! またいきたいなぁーーー!!

［審査員のコメント］　高知といえばカツオです。たたきもおいしいよね。

福岡県

佐伯 もね （牟田アトリエ）
Saeki Mone

私の海 ☆ 福岡県

［制作者のコメント］　毎年夏休みに福岡の海で遊ぶのを楽しみにしています。またみんなで行きたい気持ちを込めてかきました。

［審査員のコメント］　これから海に行くの？　みんな楽しそうでグッドです。

熊本県(天草)

上野 唯良
Ueno Yura

私の海 ☆ 熊本県

［制作者のコメント］　天草の夜光虫はきれいだな。

［審査員のコメント］　わぁ、夜光虫だらけだ。これはぜひ見て見たい。

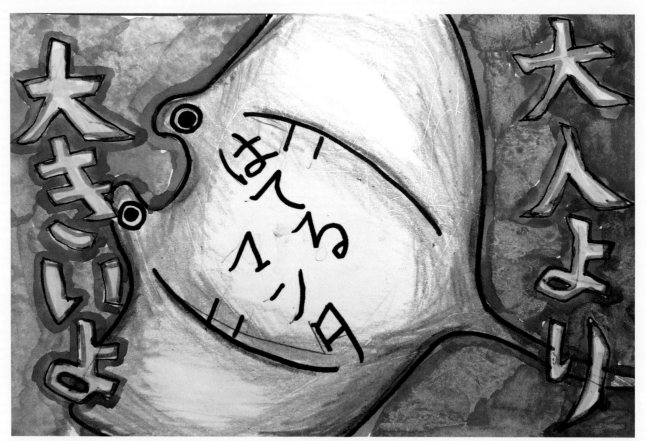

沖縄県（波照間島　ニシ浜）

本庄 唄野（竹富町立波照間小学校）
Honjo Utano

私の海 ☆ 沖縄県

［制作者のコメント］　　工夫した点は、はてるマンタの体のグラデーションです。濃い青から薄い青を塗り分けるのが大変でした。濃い色を出すために、絵具で色を塗る前に色鉛筆で色を塗りました。字は黄色く、見やすいように仕上げました。

［審査員のコメント］　　こんな大きなマンタがいるの?! 波照間島すごいなぁ。

海と日本PROJECTについて

　日本は、世界でも唯一「海の日」を国民の祝日として定めている国であり、その社会や文化は、海に囲まれた環境の中で形づくられてきており、食べ物や生活道具、名前や地名、文学、歌、暦、歳時、祭りなど、さまざまなものが海と結びついている。しかしながら日本財団が独自に行った調査では、10代・20代の若者の約4割が海に親しみを感じていないことが分かるなど、日本人の特に若年層と海との親和性や関係性が希薄になりつつある。

　一方で、世界に目を向けると、世界の人口が急速に増加を続ける中、海洋生物資源の乱獲、生態系のバランス崩壊、海の酸性化、気候変動や自然災害、海底資源の開発競争、海洋権益をめぐる争いなど、海の危機は一層深刻さを増している。

　このような状況を踏まえ、海の日が20回目を迎える2015年を機に始まった「海と日本プロジェクト」(2016年に「海とつながるプロジェクト」から名称及びロゴを変更)は、全国のさまざまな地域で趣向を凝らした取り組みを実施することで、海に囲まれた国、日本に暮らす私たち一人ひとりが、海を「自分ごと」としてとらえ、海を未来へ引き継ぐための行動(アクション)の輪を広げていくため、日本財団、総合海洋政策本部、国土交通省の旗振りのもと、オールジャパンで推進するプロジェクトである。

海と日本PROJECT in **しまね**
海と日本PROJECT in **広島**
海と日本PROJECT in **やまぐち**
海と日本PROJECT in **ふくおか**
海と日本PROJECT in **佐賀**
海と日本PROJECT in **ながさき**
海と日本PROJECT in **鹿児島**

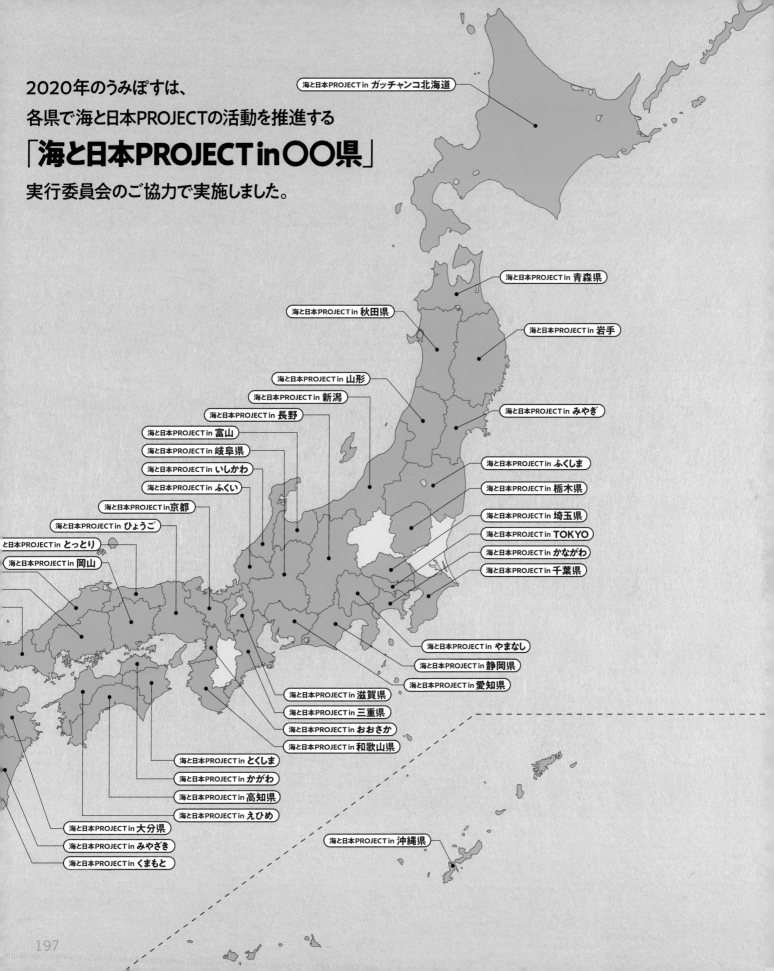

2020年のうみぽすは、
各県で海と日本PROJECTの活動を推進する
「**海と日本PROJECT in ○○県**」
実行委員会のご協力で実施しました。

海と日本PROJECT in ガッチャンコ北海道

海と日本PROJECT in 青森県

海と日本PROJECT in 秋田県

海と日本PROJECT in 岩手

海と日本PROJECT in 山形

海と日本PROJECT in 新潟

海と日本PROJECT in みやぎ

海と日本PROJECT in 長野

海と日本PROJECT in 富山

海と日本PROJECT in ふくしま

海と日本PROJECT in 岐阜県

海と日本PROJECT in 栃木県

海と日本PROJECT in いしかわ

海と日本PROJECT in 埼玉県

海と日本PROJECT in ふくい

海と日本PROJECT in TOKYO

海と日本PROJECT in 京都

海と日本PROJECT in かながわ

海と日本PROJECT in ひょうご

海と日本PROJECT in 千葉県

と日本PROJECT in とっとり

海と日本PROJECT in 岡山

海と日本PROJECT in やまなし

海と日本PROJECT in 静岡県

海と日本PROJECT in 愛知県

海と日本PROJECT in 滋賀県

海と日本PROJECT in 三重県

海と日本PROJECT in おおさか

海と日本PROJECT in 和歌山県

海と日本PROJECT in とくしま

海と日本PROJECT in かがわ

海と日本PROJECT in 高知県

海と日本PROJECT in えひめ

海と日本PROJECT in 大分県

海と日本PROJECT in みやざき

海と日本PROJECT in 沖縄県

海と日本PROJECT in くまもと

#うみぽす

SNSで「うみぽす」のイベントや作品情報を発信しています。
みなさんも「#うみぽす」で投稿してくださいね。

 Twitter https://twitter.com/umipos_official

Facebook https://www.facebook.com/umipos

 Instagram https://www.instagram.com/umipos_official

 YouTube https://www.youtube.com/channel/UCNMQaHzpu6nnxoiiGwo_OrA

 公式サイト https://umipos.com

198

む　　す　　び　　に

「うみぽす」の優秀作品が切手になります！

「うみぽす」の作品集、いかがでしたか。ページをめくる毎に「ああ、こういうアイデアもいいな」とか「へえ〜、こんな素敵なところもあったんだ」などと驚いたり、感心したりされたのではないでしょうか。ぜひ、来年の応募の参考にしていただければと思います。

「うみぽす」事務局では、入賞した優秀作をより多くの方々に見ていただくことを目的に、さまざまな活動をしています。その一つは、全国各地の自治体との連携です。自治体の地元をテーマに制作された入賞作品と、その隣町の優秀作品を貼ることでお互いの海を宣伝しあう活動「うみぽす広域連携PRプロジェクト」。この意図に賛同して実施している場所が、2020年は17カ所になり、さらに広がりつつあります。

また、二つの自治体で「うみぽす」と連携した「まちぽす」を実施いたしました。そして、岡山県玉野市では、実施した玉野市PRコンテスト2020「玉野まちぽす」の優秀作品が日本郵便様のご協力のもと、切手になって販売されることになりました。発売は、3月下旬から4月上旬を予定しております。

自分が作ったポスターが、郵便切手になって活用されるのです。なんと素敵なことでしょう！ご協賛いただいている日本郵便様には、このほかにも昨年同様に全国1,229局の郵便局に「うみぽす2020」の募集ポスターとチラシを掲出していただきました。同じくご協賛のビックカメラ様におかれましても全国主要45店舗において、同様に掲出いただきました。

このように「うみぽす」は、優秀作品を募集・選出するだけでなく、全国各地に広がる入賞作品を、より多くの方々に見ていただくことによって「地元の海をスターにする」ことを具現化することになるとの思いで続けてまいります。それぞれのお立場でのご協力を、何卒、引き続きお願いいたします。

海のPRコンテスト「うみぽす2020」実行委員会
スタッフ一同

S T A F F

編集長 EDITOR IN CHIEF

田久保 雅己 *Takubo "Sammy" Masami*

編集スタッフ EDITORIAL STAFF

鈴木 喜博 *Suzuki Yoshihiro*

編集協力 EDITORIAL COLLABORATOR

内田 聡 *Uchida So*（海洋連盟）

加藤 才明 *Kato Toshiaki*（GTO）

後藤 学 *Goto Manabu*（海洋連盟）

堀内 一也 *Horiuchi Kazuya*（海洋連盟）

カメラ PHOTOGRAPHER

小原 泰広 *Ohara Yasuhiro*

イラストレーター ILLUSTRATOR

小林 隆 *Kobayashi Takashi*

装丁 COVER DESIGN

佐藤 和美 *Sato Kazumi*

発行人 PUBLISHER

植村 浩志 *Uemura Hiroshi*

公益財団法人 日本財団
「海と日本PROJECT」助成事業

海のPRコンテスト
「うみぽす2020」作品集

2021年3月10日発行 定価：1,100円（本体1,000円＋税10%）

［ 発行所 ］株式会社 舵社
〒105-0013 東京都港区浜松町1-2-17 ストークベル浜松町
［ 代 表 ］TEL 03-3434-5181 FAX 03-3434-5860
［ 販売部 ］TEL 03-3434-4531 FAX 03-3434-2640
［ 印 刷 ］株式会社 大丸グラフィックス

制作協力

海のPRコンテスト「うみぽす2020」実行委員会
［ 主 催 ］一般社団法人 海洋連盟
〒107-0052 東京都港区赤坂 7-10-6 ストークビル赤坂503
［ 代 表 ］TEL 03-5549-1772 FAX 03-5545-5135

［ 共 催 ］公益財団法人 日本財団／株式会社 舵社

ISBN 978-4-8072-1153-1

書店または当社へなるべく予約ご購読ください。
書店に常備のない場合でも、ご注文になればすぐに取り寄せられます。